SELF CATERING

私の自炊日記

自炊は安い。
自炊は楽しい。
自炊はおいしい。
すこし考え方を変えてみるだけで、
誰もが今日からはじめられる。

JN230920

次ページから、著者・白央さんの
自炊ライフを大公開！

トビラ文・編集部

手軽に美味しい朝スープ

生もずくとトマトのスープ

「トマトを水で煮てナンプラー少々で味つけ」たったこれだけでうまみたっぷり、だし要らずの簡単スープができあがります。よく合わせるのが生もずく、ツルッと喉越しのよい、シャレたスープになりますよ。大葉の千切りをこの日は添えています。

ゴーヤとプチトマトのスープ

これまた「トマト×ナンプラー少々＋水」のベース。ゴーヤの薄切り、温泉玉子、カニカマを入れたら豊かな味わいのスープに。食物繊維増量のため糸寒天も入れています。かまぼこなどの練り物類を入れると、かんたんにうまみアップ。

SELF CATERING
私の自炊日記

ある日のパスタメニュー

シラスとクレソンのパスタ

シラスとクレソンは相性抜群。両方をたっぷり入れて、ペペロンチーノ風に仕上げました。最後にレモンをひとしぼり。魚をとりたいけど面倒くさい……という人はシラスから入るのがおすすめ。カルシウムは日本人が不足しがちな栄養素。シラスや牛乳で楽においしく補給しています。

ナポリタン

少々割高なベーコンやハム、ソーセージは特売のときに買って冷凍しています。玉ネギ、ピーマンをたっぷりのケチャップで炒め、赤ワイン少々を入れたところにゆであがったパスタを加えて完成。のびてもおいしいので、お弁当にも重宝。

日ごろのおかず&おつまみ①

つくりおきはお弁当にも活用！

平日の朝はツレ（会社員）の弁当をつくるのが日課です。原稿書きの合間に買い出し、そしてたまにまとめて、つくりおき。この日は厚揚げと大豆の味噌炒め、甘長唐辛子とズッキーニのゴマ油ソテー、コーンとバジルのナンプラー炒め。野菜おかずを数種つくっておき、朝はメインだけつくったり、またはレトルトを活用したり。下の写真はそれぞれを盛り合わせた自分用の昼ごはん。鶏手羽元の八角煮を添えています。余ったおかずは、夜にはおつまみに。

ベーコンとマッシュルームのソテー

スーパーに行けばマッシュルームとベーコンが特売に。**厚めに切ったベーコンをじっくり焼いて、マッシュルームと一緒にソテー。**ベーコンの香りと塩気で充分おいしい。黒コショウをひいてどうぞ。詳しいレシピは 207 ページで。

大豆とピーマンの炒めもの

ピーマンは安くて使いやすい緑黄色野菜の代表格。**蒸し大豆（本文 202 ページ参照）と一緒にナンプラー、オイスターソースちょいで炒めると良いつまみになる**んですよ。ボリューム感もあり、野菜とたんぱく質を一緒にとれる一品です。

味噌汁は具だくさん、栄養満点の〝おかずスープ〟に

サバ水煮缶×ウドの味噌汁

イワシ水煮缶×キャベツ×ニンジン×エリンギ×ブナシメジの味噌汁

魚の水煮缶は味噌汁にしてもおいしい。だし要らずでたんぱく質もたっぷりとれます。サバ水煮缶の味噌汁なら白菜、豆腐、ネギなどと好相性。春ならウドと合わせるのもおすすめ。イワシ水煮缶はキャベツとの相性が最高です！ その時々の余り野菜やキノコをたっぷり入れて〝おかずスープ〟的に楽しんでます。

フノリと豆苗と油揚げの味噌汁

フノリって海藻、磯の香りがして好きなんですよ。私はいつもそのまま味噌汁に加えてます。油揚げだけ軽く煮て、刻んだ豆苗もたっぷりと。食べごたえもありつつ、食物繊維もなかなかにとれるこのトリオ、最近気にいっています。

自炊を楽にしてくれる鍋のススメ

我が家のチゲ鍋

寒い時期の我が家の定番、チゲ鍋。だし汁にキムチたっぷり、酒と醤油少々、ゴマ油ちょい。コチュジャンが入るとグッと味が上がります。もちろんチゲ鍋の素だけでもOK。この日はニラとカキ、白菜、豆腐入り。メインはカキ以外でも、シーチキンやサバ水煮缶を入れてもうまい！

ハリハリ鍋

関西でおなじみハリハリ鍋も簡単美味！ カツオと昆布のだしに酒、みりん、醤油で味つけですが、めんつゆでもOK。あれば「白だし」でやると抜群です。具は水菜、豚バラスライスが基本。他はお好みで。私は水菜の代わりにエンダイブという野菜でやるのにこの頃ハマっています。

冷凍食品との付き合い方

ブロッコリーとホウレン草の豆乳スープ

ベーコンとキノコの豆乳スープ

作り方CHECK!

キャベツ×油揚げ×玉ネギ×ブロッコリーの味噌汁

作り方CHECK!

上／本書によく登場する冷凍野菜は保存期間が長く、栄養もちゃんととれるありがたい存在。冷凍のブロッコリーとホウレン草を豆乳、めんつゆ少々で煮ると優しい味わいのいいスープになりますよ。中／我が家の冷凍庫にはベーコンとキノコが常駐。豆乳と一緒に軽く煮て、薄口醤油で味つけするとうまみの濃いスープに。ショートパスタを入れれば一食にもなります。下／冷凍ブロッコリーは味噌汁の具にも◎。キャベツ、油揚げとのトリオは野菜のうまみと甘み、そしてコクもしっかりで満足度がかなり高いですよ。

余った野菜の活かし方①

野菜コンソメスープ

自炊生活の悩みどころのひとつ、余り具材。野菜やキノコは刻んで鍋に入れ、全体がかぶるぐらいの水を入れ、コンソメキューブでシンプルなスープにするのもひとつの手。薄味が好きならコンソメは半分から 3 分の 2 くらいの量を使ってみるといいですよ。ここにもちとチーズを入れて洋風雑煮になんてのも。

水餃子のスープ

チンゲン菜とキノコが余っていたので、レトルトの水餃子スープにたっぷりと加えました。紀文の「スープ餃子」は安くてうまくて心強い存在。フレッシュ野菜を刻んでレトルトやインスタントに加える、これだけでも立派な「自炊」です！

余った野菜の活かし方②

なすそうめん

三つ葉とトマトのスープ

あんかけ焼きそば

上／うちの人気メニュー、なすそうめん。ナスとひき肉をゴマ油と少々の唐辛子で炒めてめんつゆで煮たら、よく水気を切ったそうめんにぶっかけていただきます。中／香りのよい緑黄色野菜、三つ葉はもっと活用したい野菜のひとつ。冒頭で紹介したトマトとナンプラーのスープの具にしてみたら、これがおいしい。下／余り野菜はショウガかニンニクで炒めて、酒少々に鶏ガラスープを加えて煮て、あんかけにすることが多いです。中華丼やあんかけ焼きそばにも応用できて便利ですよ。我が家の余り野菜大量消費レシピのひとつです。

自炊力

料理《レシピ》以前の食生活改善スキル

白央篤司

光文社新書

はじめに

「料理力より、自炊力を」

前々から、こう思っていました。

私の思う「自炊力」とは、

- 自分で買い物に行って、その場で献立を決められる
- 食材の質と値段のバランスを考えつつ買い物ができる
- そのときに買ったもの、家にすでにあるもの取りまぜつつ、数日分の献立を作り回していける
- なおかつ栄養バランスを考えられる

といった能力の総合力です。生きていく上で、とても大事なスキルです。

こういうことを考えるようになったのはまず社会に出て、生活習慣病にかかる先輩方を少なからず見てきたということがあります。高血圧や糖尿病になり、食事が制限されてしまう。働き盛りで食べる楽しみ、飲む楽しみが制限されてしまうつらさは、想像に難くありません。将来そういう状況になって、病気のことを考えた料理を作ってくれる人もなく、自炊も苦手だとしたらどうなるか？

さらには現代はパートナーに頼りきるような時代でもないですよね。生活習慣病にかぎらず、加齢と病気はセットのようなもの。どんなに心がけていても何かしらにガタはくる。そのとき「何をどう食べたらいいか、何を補給し、減らすべきなのか」を考え、情報を適切に取捨選択しつつ、食事を自分でまかなえるスキルは男女問わず必要ではないでしょうか。

またふたつめには経済的な理由もあります。その時々で安い食材を調理・保存でき、うまく使い回せる食生活を送れたら、こんなにいいことはありません。そして特別おいしくとまではいかずとも、自分なりに満足のいく味つけができるスキルを保持できれば、人生を通じて自分のＱＯＬ（Quality of Life：生活の質）をかなり上げられるはずです。

私は30歳でフリーランスのライターになったこともあり、健康と経済性のことを強く意識して食生活を送るようになりました。

簡単にいえばその日の特売品をうまく使い回して、なるべく無駄を出さずに、なるたけおいしく食費を切り詰めたい、ということです。ともかくも料理は場数、できる限り料理をするようになりました。そして、焦りもありました。年をとるとだんだんと学ぶことも億劫《おっくう》になっていくに違いない、早く自炊力を身につけておかなくては、という焦燥感です。

テレビでたまに、料理教室に通う中高年の姿が報じられることがあります。この手の番組はよく「何かを始めるのに遅いなんてことはひとつもない！」といった、きれいな言葉でまとめられています。これが私は、ずっと疑問でした。

何かを学ぶというのは「やる気・経済力・時間」の3つがそろってはじめて成立するもの。中高年以降にこの3つがそろう人は相当少ないと思うのです。

現在の20代、30代は貯蓄意識がとても高いと聞きます。「将来、病気になったときの出費が心配」と懸念する人が多いのだとか。保険に対する関心も高いようです。そういう人たちにこそ、「自炊力の取得」を訴えたい。経済的に料理をしつつ、栄養のことも考えられ、余った食材を次の料理に使い回せるスキルの取得を。

しかし仕事やほかの家事、育児などで余裕がなく、料理にかける時間と手間はなるべく少なくしたい、という人が多いのも現代の潮流。

「自炊が大事なんて分かっている。けれどそれをやる気力がないのだ」

という声も、これまでたくさん聞いてきました。

世の中には、これから料理を覚えようという人のための本はいくらでもありますね。簡単料理、時短料理（調理時間が数分しかかからない料理）のレシピ本も山ほどあります。ですがこれらは「料理を始めよう」という決意と準備が整った人のためのもの。

「料理をするのは今のところ難しいけれど、そりゃ食生活は少しでもより良いものに変えたい、変えていきたい」と願う人にこそ、「こんなことでもOKなのか」というヒント集が必要だと私は思っていました。さらにいえば「料理ひとつもできず、恥ずかしい、情けない」と自分を責めている人も少なからずいます。その自責の念によってさらに自炊から遠ざかってしまうという悪循環。この本は、そんな人たちへの応援歌のつもりで書きました。

「とかく食事は外食やコンビニ頼り。けれどできれば自炊をしたい、始めてみたい」と思われる方に、「こんなことからでもいいのだな」と思ってもらえるきっかけに本著がなれば幸いです。

自炊力

目次

第6章　自炊日記——〝特売〟と〝余りもの〟活用の日々　187

第1章――作らずに「買う」ことだって自炊です

コンビニと冷凍食品をフル活用してみた

お手軽レシピが求められる時代

みなさんは料理が好きでしょうか、嫌いでしょうか。

あるいは料理は得意でしょうか、苦手でしょうか。

それとも、どちらでもないでしょうか。

私はこの13年間ほど、ライターとして食の記事だけを作ってきました。最近では主にウェブサイトで毎月食の企画を考えては発表しています。それらに対するリプライ、ＳＮＳでの反応、および読者さんからのリクエストを読んでいると、

「料理はなるべく手間をかけたくない」

「できるだけ楽に、簡単に」

といったニーズの多さを痛感します。料理好きが喜びそうなマニアックな記事と、「なるべく簡単に」派が喜びそうな記事ではもう明らかに数字が違うのです。ビギナー向けのほうがニーズは圧倒的に多く、ＰＶ数（記事を読んだ人の数）は2ケタ違うこともめずらしくありません。たとえばリクルートが運営する「メシ通」というサイトで制作した、サバの水煮缶を使った味噌汁の記事は９０００リツイートを超えました。また同サイトで発表したナスと

油揚げを炒め煮してそうめんと食べる「なすそうめん」の記事は2万5000リツイート超え。これには私も驚きました。どちらも各地の郷土料理を参考にして簡単レシピを作成したのですが、お手軽なレシピのニーズの大きさを再確認した次第です。

以前の私は、グルメ雑誌とか料理専門誌で仕事をすることがほとんどでした。つまりは読者さんも基本的に料理をする人、食に興味のある人だったんですね。それなりの自炊力をすでに持ち合わせている人が読者層だったわけです。

そういった人々にウケそうな企画をウェブで立ててアップしても、なかなかPV数が伸びず、当初は悩みました。専門誌と一般サイトの違いを私は分かっていませんでした。ヒットするほかの記事を眺めては「世の中はこんなにも簡単レシピを、お手軽を求めているのか」と実感することしきり。「料理を普段しない人や、なるべくしたくない人が喜ぶ情報とはなんだろう?」ということを考えるのが、ここ数年の課題となりました。

まずともかくも普段あまり料理をしない人、「なるべくならしたくない」という人に積極的に取材して生の声を聞くようにしたんです。彼らの抱えているニーズや悩み、実際の気持ちをもっと直接聞きたかった。ツイッターなどのSNSも利用しました。そこから得られた、食べることや料理することに関して印象的だった声を並べてみます。

「料理に対して好き嫌いという感情はない。生活上必要だからやっているだけ」

「今は家族がいるので料理しています。でも、子どもが大きくなったらやらないかもしれない」

「食べるのは大好き。でも自炊はなるべくならやりたくない」

「栄養を考えて自炊したいとは思うけど、仕事が忙しくて気力がない」

「自炊はどちらかというと好きです。ただ片づけが嫌いで、2日ぐらいそのままにしてしまうこともある」

「やらないでいいなら、それに越したことはない」

いろんなスタンスが見えてきました。

半数以上が「料理が好きではない」と考えている

旭化成ホームプロダクツが2013年、全国の20～30代女性500人を対象にとったアンケートがあります。これを読むと、未婚女性の4人に1人は自炊習慣がまったくなく、そのうち6割以上が「半年以上自炊をしていない」というデータがありました。理由としては「時間がない」「調理が面倒」が主なもの。残念ながら男性のみを対象にしたアンケートは見つけられなかったのですが、自炊習慣のある男性が先の数字より多いとは考えにくいと思います。

私もツイッターでこんなアンケートをとってみました（回答数1万11票、966リツイート）。「教えてください。あなたは料理って……」という質問に対し、

「好き」
「好きでも嫌いでもない。生活に必要だからやる」
「できればしたくない」
「苦手」

という4つの答えからひとつを選んでもらうアンケート[*1]です。

無作為のアンケートではなく、ツイッター上のアンケートなのであくまで参考程度に考えていただきたいのですが、この四択のうち、「好き」以外を選んだ方の割合は56パーセント。ざっくり考えて、料理を好んでやっている人は2人に1人、という割合になりました。

さらには、料理に関してネガティブな感情にとらわれている人も少なからずいるのです。

「料理なんて誰でもやっていることなのに、私はうまくできない」

そして、「そんな私ってダメな人だ……」と、マイナスの自己評価をしてしまう。さらには、

「女のくせに私、料理下手なんですよ。恥ずかしい」

といったジェンダーロールの刷り込みも、まだまだとても根強いことも知りました（一方で、旧来的な性差による家事分担意識にまったくとらわれていない人が、若い世代を中心に増えている印象も同時に受けましたが）。

そのほか、

「恋人ができて、料理を作ってほしそうにされるのがつらい。ずっと外食じゃやっぱりダメなんだろうか」

「料理は愛情というけれど、家族への料理を私は面倒に思ってしまう。人格が破綻しているんじゃないだろうか」

こんな悩みを打ち明けてくれた人もいました。

自炊ができないことは決して悪いことではない

最初に明確にしておきたいことがあります。

本著では「料理力よりも自炊力を」と題して、人生を経済的に、健康的に過ごす上で自炊力はとても有用なものであると説いていますが、決して「自炊できない、自炊したくない＝ダメ、悪い」と決めつけるものではありません。

話は飛ぶようですが、私は学生時代、理数系の科目にまったくもって興味を持てませんでした。むしろ苦痛で苦痛でしかたなく、できれば授業に出たくないほどに……！

私なりに努力はしたんですよ。一所懸命に先生の言うことを聞いてノートも取るのですが、意味がさっぱり分からない。ただ黒板を写すだけで終わってしまう。当然テストの点数は毎回最低レベル、高校の数学では０点を取ったこともありました。赤点ギリギリでようやく高校を卒業した次第です。理数系の得意な友人によると「数学は数学、物理は物理の面白さがあるじゃないか」なんてシレッと言うんですが、その面白さが全然私には分からない。

ある日、思ったんですよ。料理だって、一緒じゃないでしょうか。

人間、向き不向きがありますよね。私は理数系にどうしても興味が持てなかった。同じように、料理にどうしても興味が持てない人もいる。学校時代、誰しも「その面白さがまったく分からない」と感じた科目ってありませんでしたか？　物理や漢文が嫌い、スポーツがもう全般で苦手、授業で習うような音楽や美術には興味がちっとも持てない……。これ、料理も一緒で「合う／合わない」なんだと思っています。

しかしどういうわけか「料理＝やれば簡単」「誰でもやっていること」という世間一般の思い込みはとても強い。

「それなのに私はできない、したくない＝怠《なま》けもの、ダメな人間」と自分を責めて、悪循環に陥《おちい》ってしまう。世の中にはそういう人が実に多いのだなあ……とここ数年、切実に感じています。食は楽しく、ときにストレスを発散させてくれ、健康にも深く関わってくるものなのに、これが日常的な「自炊」となるとどうにもストレスの種になってしまうとしたら、こんなに悲しいことはありません。

繰り返しますが、料理がしたくないということは決してダメなことじゃない。イヤだからイヤ、それでいいと思います。ただ人間は生きていく上で食べることからは逃れられません。経済的に恵まれた一部の人を除いて、毎回栄養バランスまで考えられた他人の手による食事で過ごす、なんてわけにもいかないでしょう。

じゃあ、どうするか？

忙しい現代人のリアルな生活に沿って、自炊力を養っていくにはどうしたらいいか？

料理をほとんどしてないけれど、ごくごく簡単な一歩をどうやったら踏み出せるのか？

第1章では、このことについて考えてみたいと思います。

コンビニで必要な「買う力」

現在、多くの人にとってコンビニエンスストアは「食のよりどころ」であり、ライフラインとなっています。昼夜のごはんどき、社会人とおぼしき人々がよくおにぎりにカップラーメン、おにぎりにインスタントの春雨スープひとつ、サンドイッチとコーヒー、サラダと菓子パンなどといった組み合わせを手にレジに並ぶ姿は、全国的にもおなじみでしょう。

また帰宅してからもコンビニを利用する人も少なからずいるでしょうね。

「帰りが遅くなりがちで、スーパーの営業時間に間に合わない」

「帰る頃には商店街やスーパーのお惣菜が品薄で買えない」

「そもそも住んでいるあたりにはコンビニしかない」

「疲れて料理するのが面倒くさい」

「帰宅してすぐ寝るだけでは嫌だ。なるべく自分の時間を持ちたい。そうなると、自炊には時間が割けない」

平日に料理は難しい、という人に理由をたずねると、このような答えがよく返ってきます。

コンビニ食が生活の中心になっている場合、いざ自炊を始めようと思ってもこれはなかなか大変なこと。ならば、コンビニで売られているものをどう栄養バランスよく活用するか、という観点からまず考えてみたいと思います。栄養について考えられる力は自炊力の大きな柱のひとつ。まずは料理することなく、「買う力」を養うことから自炊力を高めていきましょう。

まずは組み合わせを覚えて、「買う」だけでいい

ある日思い立って、近所のコンビニで売られている食品の種類を数えてみました。セブンイレブン、ローソン、ファミリーマートの大手3社でそれぞれやってみたところ、平均してなんと1058種類！　お弁当やお惣菜のほか、冷凍食品、レトルト、缶詰、そして肉まん、揚げもの、おでん、各社オリジナルのスイーツまで。バリエーションの豊富さに、あらため

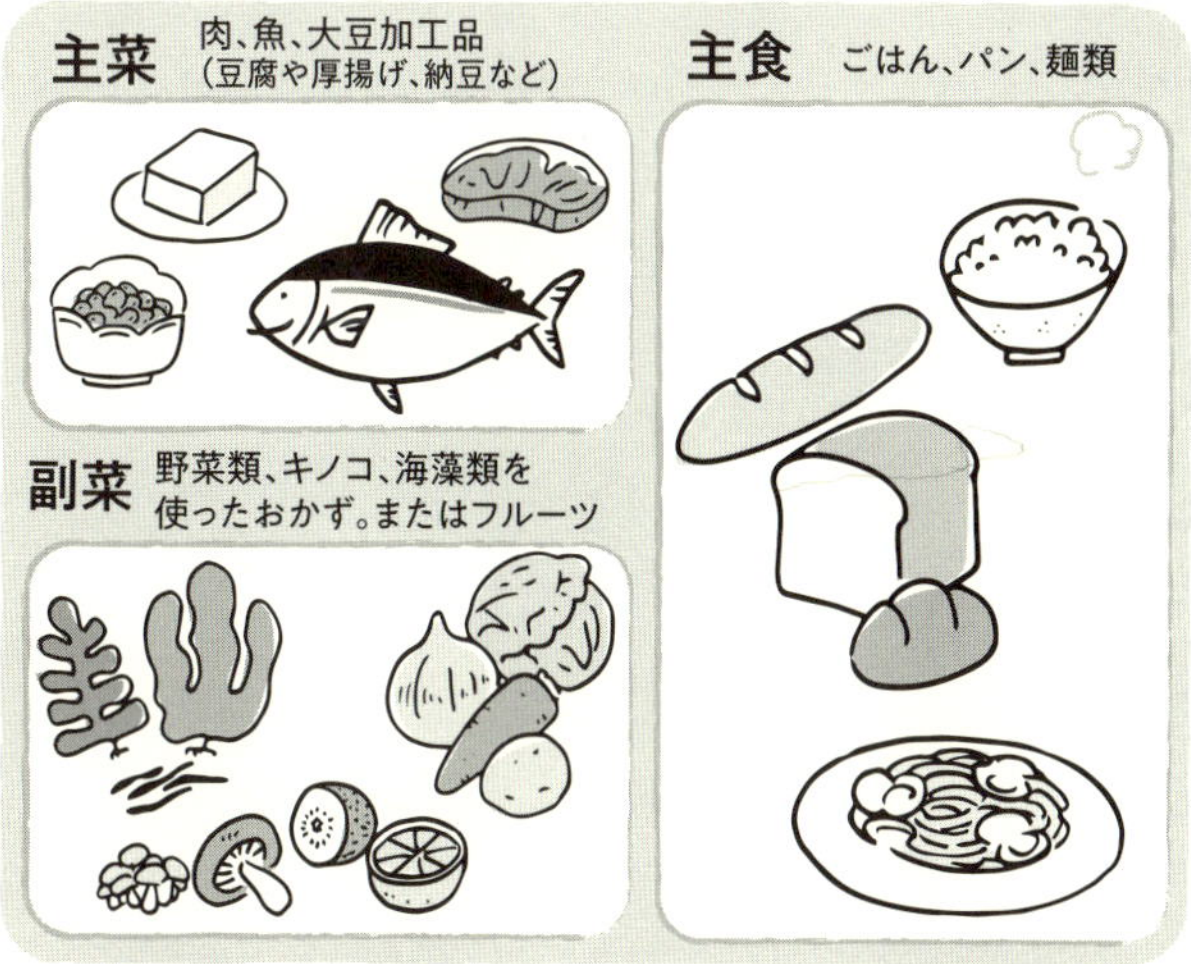

この3要素を組み合わせて一食とすると、バランスよく栄養素は摂りやすい

て驚かされました。これらをどう組み合わせると栄養バランスよく食べられるのでしょうか？

まず最初に、上の図を頭に入れてほしいのです。コンビニでも充分に活用できる構成です。もっとも簡単な一例を挙げてみましょう。

主食　好みのおにぎり
主菜　肉か魚のおかず１品（または納豆など）
副菜　野菜や海藻を使ったおかず（または野菜やワカメ入りのスープ、味噌汁など）

これで主食、主菜、副菜の3要素からひとつずつがそろったことになります。主食としてパンを選んだならば、簡単な一例としてはサラダと豆乳ドリンクを組み合わせると、3アイテムからひとつずつそろうことになります。

コンビニならパスタを選ぶ人も多いですよね。パスタは麺類なので、主食になります。ならば買うときに、パスタの具として主菜、副菜に相当するものが入っているかどうかを見る習慣をつけてほしいのです。たとえばカルボナーラだったら、パスタとベーコンで主食と主菜の2要素が入っていることになります。しかし副菜となる野菜は入っていない。なのでサラダなりフルーツなりを足したほうが栄養バランス的にはいい――と考える習慣をつける。これこそが自炊力の萌芽といっても過言ではないと私は思っています。

五目弁当や幕の内弁当のようなものは、それひとつで主食、主菜、副菜がそろっていることがほとんど。親子丼やカツ丼などを選んだならば、ごはんと肉で主食、主菜がそろっています。さて副菜として何を選びましょうか。野菜や海藻入りのレトルトスープ、またはインスタントの味噌汁はいかがですか。味噌汁ならばホウレン草やワカメ入りなど、少しでも野菜が入っているものを選んでください。

パンも同様です。ホットドックを買ったならパンが主食、ソーセージが主菜です。サラダでもいいし、カットフルーツを副菜にしても構いません。自分の懐具合とどのくらい食べられるかを考えつつ、主食・主菜・副菜をどのように整えるか。ここが栄養を観点とした自炊力育成のベースとなっていくのです。

「肉まんやピザまん、プラス飲みもので夜ごはんを済ませてしまうこともある」

こういう声は実によく聞かれます。肉まんであれば、一応主食と主菜が一緒になっている食品なんですね。なので副菜として野菜かフルーツを足したいところ。この手の方は「あまり食欲がなくて食べられない」という理由から小食になっていることが多いのですが、せめてバナナ1本でも足せないでしょうか。

「夜ごはんはコンビニおでんで済ませることも多い」という人も結構いるもの。コンビニおでんの人気ランキングといえば、大根、しらたき、卵、ちくわ、ウィンナーなどが常連組。ちくわ、卵、ウィンナーでたんぱく質が摂れますね。厚揚げもいいですよ。このあたりを主菜と考えましょう。大根やしらたき、ジャガイモ、コンニャクなどは副菜になります。主食になるものを足したいところなので、おにぎりを1個プラスしてはどうでしょうか。

これは、はじめの一歩です。

自炊力というと「とにかく調理を！」と思われるかもですが、調理できない状況にある人はまず「買う力」からつけていきましょう。漫然と食べたいものを買う状態から、自分の買ったものが「主食・主菜・副菜」のうち、どれに構成されるのかを考えられればかなりの前進です。そしてその次のステップは「量」になります。このことは後の章でも述べますが、たとえば「メイン＋ごはん」だけのシンプルなお弁当ってありますよね。唐揚げ弁当、とんかつ弁当、天丼などなど。ほんのちょっとだけついている漬物を野菜として副菜と考えるのは……さすがに厳しいとみなさんも思うのではないでしょうか。その場合は野菜や海藻、キノコがメインのおかずやスープをつける、またはフルーツを足してゆく。自分が買った今回の一食は、何を満たし、何が少ないのか。そこを考えられるようになってほしいのです。

ちょい足しの技術をマスターする

コンビニ利用において、主食・主菜・副食からひとつずつ選べるようになってきたら、さあ次のステップへ。今度は「ちょい足し」の技術を覚えましょうか。

現代人の食生活に不足しがちなものは、やはり野菜、およびフルーツです。

コンビニのお弁当類、最近では「たっぷり野菜」をうたった商品も増えてきました。たとえば、「1／2日分の野菜が摂れる」といったネーミングの商品、見かけますね。そういうコンセプトの商品をうまく活用するのも手ですが、いざあなたが買おうとするとき、いつも棚に並んでいるわけではありません。パスタの人気商品で考えてみると、ナポリタン、ペペロンチーノ、ボンゴレ、カルボナーラ。お弁当ならカルビ弁当などの肉メインのもの、チャーハン類、カツ丼や麻婆《マーボー》丼、そしてざるそばなども野菜不足が心配なラインナップです。

野菜が足りないと、ビタミン類などの栄養素、そして食物繊維が不足しがちになります。ただ毎回副菜を買い添えることは経済的にも控えたいという人も少なくないでしょう。ではそれらをコンビニで、どう簡単に補うか？

野菜を「ちょい足し」してみませんか。

最近は生鮮野菜を置くコンビニも増えました。ちょい足しにおいて、手軽で便利かつ栄養価の高い野菜の筆頭が、プチトマトです。サラダを買った場合はそのまま足せばいいですし、トマトソース系のパスタやペペロンチーノ、ボンゴレやナポリタンなどには半分に切って足し、家でもう一度軽くレンチンするとおいしくいただけます。

プチトマト数個をコンビニめしに加えるだけでも、充分「自炊」なのです。すでに料理をしている人からしたら「その程度で？」と一笑に付されるかもしれません。ただ私にも覚えがありますが、料理をしない人にとっては「プチトマトを洗って水気を拭《ふ》き、包丁で切る」だけでも億劫《おっくう》なもの。

繰り返しますが、プチトマトを切って足すだけでも自炊なのです。

カップラーメンやインスタントラーメンにカイワレ菜をのせるだけでも、ゆでるときにカット野菜を一緒に加えるだけでも自炊です。なんなら、ゆで卵や温泉卵を1個加えるだけだって立派な「調理」であり、自炊への第一歩なのです。

料理習慣のない人は、こんなところから始めてみようじゃありませんか。

ちなみに、店頭に並ぶプチトマト、どう選べばいいのでしょうか。

新鮮なものはトマトの表面にハリがあります。シワになってよれているものは食感が悪いですよ。たまに破裂しているものがあることも。腐りやすいので避けましょう。買うときはプチトマトの表面をまずチェック。

食べるときは、ヘタを取って水洗いします。料理に加える前にはペーパータオルなどで拭いてください。ヘタまわりは雑菌が増えやすいポイントですから、洗ってよく拭きましょう。お弁当を作って入れるときなどはこの点、きっちり守ってほしいです。

「水気」を甘く見るのは厳禁！

食材を洗ったのち、「よく水気を切る」「ペーパータオルなどで水気を拭き取る」という指示がレシピでは頻出します。

これ、くれぐれも適当にやらないでくださいね。水気を切るということは、おいしく調理する上でかなり大事なポイントです。

食材に水気がついたままだと、調味料がそのぶん薄まってしまいます。ゆえにボケた味わいになり、完成度がかなりダウン。

「このぐらいの水気なら大丈夫だろう」と思うような少量の水分でも、和えものやサラダでは致命的なミスになり得ます。

加熱する調理の場合は、拭き取れなかった余分な水分を飛ばすこともできますが、和えものやサラダはそのまま調味液やドレッシングに水分が加わってしまうので、味が薄くなるのです。くれぐれも、「水気を切る」という指示はおざなりにしないでください。

ちょい足し冷凍野菜の定番リスト

「野菜を買っても、なかなか使い切れない」

日常的に料理をしない方はこういう心配もあると思います。

そこで使ってみてほしいのが冷凍野菜。多くのコンビニでも取り扱いがあります。賞味期間が長く、買い置きのできる冷凍野菜は、「ちょい足し」にも非常に活用しやすいですよ。下ごしらえが要らず、すぐに使えるという点も魅力的。

「冷凍食品って……あまりおいしくないんじゃない?」

なんて思う方もいるでしょうね。たしかに新鮮な野菜の調理仕立てにはかなわない部分も多々ありますし、サラダなどには向きません。

けれど冷凍野菜は全般的に、汁ものやソース多めの料理にちょい足しするのには向いており、かなりおいしくいただけます。この点を利用して、野菜のちょい足しにどんどん活用してほしいと思います。

まず代表的な冷凍野菜としては、ホウレン草、ブロッコリー、インゲン、カボチャ、グリーンピースがあります。これらはコンビニで置かれている確率が高めのもの。規模の大きいところ、また中規模以上のスーパーになるとアスパラガス、皮がむかれた状態の里芋、アボカド、刻みオクラ、カットされたナス（揚げナスもあり）、小松菜などもあります。さらには数種の野菜を詰め合わせた「冷凍野菜ミックス」も定番の商品です。

①　冷凍ホウレン草

まず、冷凍ホウレン草から考えてみましょう。

冷凍野菜は、生鮮野菜を調理したものと比較して食感が少し損なわれる傾向にあります。ただこの欠点は、コクのあるものと組み合わせることでさほど気にならない程度に解消され、味わいよく食べられるようになります。クリーム系のパスタとは特に好相性。コンビニでもカルボナーラやホワイトソース系のスパゲティはよく見かけますよね。ここに冷凍ホウレン草を適量プラスするのがおすすめです。

冷凍ホウレン草を適量レンジであたためておき、ソースにからめて食べるだけで、野菜摂取量が簡単にアップします。あまり多く入れると味が薄まり、満足感も下がりますので、最初は少なめに入れて、好みの分量を調節してください。クリーム以外でもトマトソースでも合いますよ。またラーメンやあたたかいそば、うどんなどにプラスするのも◎。

② 冷凍インゲン

パスタなどに加えるなら、冷凍インゲンもおすすめです。チンして、ペペロンチーノなどのオイル系、トマトソース系、またはナポリタンに加えてもおいしい。

そのほかブロッコリー、そして洋風のミックス野菜（大体ブロッコリーが入っています）はパスタにもいいですが、カレーやシチュー類にプラスするのもうまい。冷凍野菜は基本的に味つけがされていませんが（一部、枝豆やそら豆などは塩味つきのものあり。パッケージに必ず書いてありますので確認してください）、カレーやシチューなどの粘度があるものと一緒にすると、野菜の表面にしっかりと味がからんで、おいしくいただけます。

③ セブンイレブンの『イタリア産野菜ミックス グリル野菜』

私がよく使っているのが、セブンイレブンの『イタリア産野菜ミックス グリル野菜』です。これ、グリルされたズッキーニ、ナス、赤ピーマン、黄ピーマンがひと口大にカットされたもの。

おすすめの使い方はレトルトカレーにプラスすること。彩りも良くなり、食べていても楽しいものです。この『イタリア産野菜ミックス グリル野菜』はたっぷり１３０グラムあるので、ごはんを通常の３分の２程度にしても結構な満足度。ダイエットに活用するのもいいですよ。カレー以外ではトマト系やミートソース系のパスタにも合います。

生鮮野菜より栄養価が高い場合もある！

「冷凍野菜では栄養が摂れないのでは？」という疑問もよく耳にします。

月刊誌『栄養と料理』の編集委員・監物《けんもつ》南《な》美《み》氏の意見を引用させてください。

「野菜が足りない、充分にとれていない……と感じていらっしゃる方、少なくありませんね。これは冷凍野菜でプラスするの、全然アリなんですよ。冷凍野菜は収穫後、新鮮なうちに急冷されてマイナス18度以下で管理されます。風味や栄養価も損なわれにくく、また旬の時期に適切に冷凍されて管理されたものは、旬でない時期の生鮮野菜より栄養価が高いこともあるんです」

ウェブサイト「メシ通」で２０１７年9月26日にアップされた記事「冷凍食品で栄養バランスはよくできる？」からの引用です。この記事は私が企画したのですが、ツイッターにおけるリツイート数は１万４０００を超えました。冷凍食品に対する関心の高さを再確認した次第です。

変わらない価格、セールもうれしい

生鮮野菜は台風や長雨などの影響を受けて価格が高騰することもしばしば。しかし、冷凍野菜は価格が年間を通じて安定しているのも魅力です。また冷凍野菜および冷凍食品は、スーパーによっても開催頻度が違いますがセール（店舗によって割引率は差異あり）がよく行われるのもありがたいところ。スーパーを利用できる方はぜひこの点、チェックしてみてください。

私は安いときに冷凍のブロッコリーとホウレン草、あればアスパラも買って、常備するようにしています。味噌汁やスープの具、パスタの具、炒めものなど活用法もいろいろ。私は平日、家人の弁当を作っているのですが、冷凍ブロッコリーをチンしてからドレッシングをかけたり、またはマヨネーズと和えたりすればすぐに1品できるのでとても助かっています。ブロッコリーとカニカマのほぐしたのをマヨネーズで和えて少々コショウをふると、簡単ながらいいおかず（時につまみ）になりますよ。冷凍ホウレン草は凍ったままハムなどと一緒に溶き卵に入れてオムレツにすることも。冷凍アスパラはパスタ類にそのまま放り込むだけで、グッと仕上がりを豪華にしてくれます。もしくはアスパラをちくわに詰めて適当に切り、ちょっとマヨネーズを添えてもおいしい。

冷凍野菜を使い始める前に

さて、冷凍野菜および冷凍食品を利用する上で、ぜひ身につけてほしいことがあります。それは「パッケージの注意書き・説明書きをきちんと読む」習慣です。毎日の食をおいしく過ごしていく上で、これはとても重要なことなんです。

実際に調理する前にパッケージの裏面を見てください。いろいろと注意書きがあります。大手某社の冷凍ブロッコリーを例にとってみましょう。

○ ゆでる場合

凍ったまま熱湯で１～２分ゆで、ざるにあげ、水気をじゅうぶんに切る

○ 自然解凍の場合

凍ったままお皿に平らに盛り、自然解凍してください（室温約20度で80～95分が目安）

○　電子レンジの場合

加熱時間の目安（100グラム）500W3分　600W2分

凍ったままお皿に平らに盛り、ラップをかけて加熱してください

・袋ごと電子レンジに入れないでください

・「自動（オート）ボタン」は使用しないでください

・加熱時間は機種や商品の量により多少異なります

うーん……ちょっと冷凍野菜を利用するの、面倒になった人もいるかもですね（笑）。ただこれ、おいしく冷凍野菜を活用する上では必要なことなのですよ。

電子レンジで解凍する人が多いと思いますが、まず「平らに盛る」というのはブロッコリーを重ねない、ということです。重ねるとムラができて、解凍されているところと冷たいままのところが生まれます。また「自動（オート）ボタン」は「あたため」なんて表示されているレンジもありますが、自動ボタンでやると加熱されすぎたり、逆に加熱が不充分になる場合もあります。

各社メーカーが何度も試作とテストを繰り返し、その結果得られたベストの解凍法や利用法が裏面には明記されています。これを読み飛ばして適当に使用してしまうのはあまりにもったいない。「ただ、なんとなく」の感覚で、冷凍食品をはじめ、レトルトやインスタント食品を加熱して食べている人というのは結構多いものです。本来体感できるおいしさのレベルを、むざむざと自分で下げてしまっているかもしれません。

これから自炊を始めるにあたって、まずメーカーの注意書きをしっかり読むクセをつけた人は〝強い〟ですよ。そして、これは冷凍食品やレトルト関連にかぎりません。

たとえば醤油やポン酢といった調味料。注意書きで注目してほしいのは「保存方法」と「開栓後の取り扱い」というところ。たとえば、キッコーマンの「うすくちしょうゆ（本醸造）」を例にとってみます。保存方法は「直射日光を避け、常温で保存」とありますが、これを開栓後も同様だと思っている人が少なからずいるのです。「開栓後の取り扱い」欄では、「冷蔵庫に保存し、お早めにご使用ください」とあります。ちなみにキッコーマンは「おいしくご利用いただける期間」の目安として「ペットボトルやびん入りの商品は冷蔵庫に入れ1カ月以内」としています（※二重構造ボトルの商品は別）。

また、私もお気に入りのヤマサ「まる生おろしぽん酢」は、保存方法は「直射日光を避け、常温で保存」とありますが、欄外上に赤字で「開封後要冷蔵」とあり、「開封後は必ず冷蔵庫に保存し、お早めにお召し上がりください」とあります。

こういったパッケージの注意書き、今までみなさんはどのくらい読んでいたでしょうか。塩分の強そうな調味料はつい「常温保存OK」と判断してしまうかもしれませんが、必ず注意書きのチェックを欠かさないでほしいと思います。食品の調理・保存はときに命に関わる悲劇を招きかねないからです（どうかオーバーに思わないでください）。

そうそう、ミツカンの「穀物酢」の注意書きには、次のようなことが明記されています。「そのままお飲みいただくと、胃やのどがあれることがありますので、水などで、必ず5倍以上に薄めてお飲み下さい。刺激を強く感じる場合は、使用をお控えください」

飲料用のお酢はたしかに売られていますが、調理用のお酢をそのまま飲んだ人がいたのかなあ……と思わず想像してしまいました。あ、それからこのミツカン「穀物酢」のパッケージには、寿司酢、和えもの用の三杯酢、甘酢、そして鶏手羽元のさっぱり煮のレシピまでついているのですよ。このさっぱり煮、かなり私は気に入って何度も作っています。

食材・食品・調味料などはなんにせよ「パッケージの注意書きをよく読む」を基本にしてください。それらを開発・製造したプロによる注意点とアドバイスが端的に書かれているはずです。最初は面倒に思われるかもしれませんが、読むべきポイントが次第に分かって、読むのも理解も早くなります。

減塩について考えてみると……

野菜の摂取量を増やす際、「冷凍野菜をそのまま料理にプラスする」という方法は健康を考える上でもおすすめ。なぜならそれは減塩につながるからです。

スーパーに行って醤油や味噌、ハムやベーコンの棚を見てみてください。どこかに減塩タイプの商品が置いてあるはずです。マヨネーズやソース、めんつゆ類、麺類、缶詰にも減塩商品は増えていることからも、減塩ニーズが年々高まっていることが分かります。

しかしみなさん、減塩って「病気になった人や高齢者の問題」と考えていませんか。ここで日本人が現在、どのくらいの塩分を摂っているか見てみましょう。

厚生労働省による平成28年の「国民健康・栄養調査」[*2]によると、日本人の食塩摂取量の平均値は９・９グラムです。男女別にみると男性10・８グラム、女性９・２グラムという状況になっています。

いきなり数字を出されても、それが多いのか少ないのか分かりませんよね。

ＷＨＯ（世界保健機構）による成人の塩分目標数値は、１日あたり５グラム。つまり日本人は総じて塩分を摂りすぎている傾向にあるんです。

厚労省もこのことを問題視しており、「日本人の食事摂取基準（２０１５年版）[*3]」では男性１日８・０グラム未満、女性７・０グラム未満を目標としています。

これは決して７～８グラムまでは許容値ということではなく、現在10グラム前後摂っているものをいきなり半分程度に下げるのは現実的ではない、という視点に立ったもの。日本高血圧学会のサイト[*4]から、塩分摂取に関する記述を引用してみます。

高血圧の予防のために、血圧が正常な人にも食塩制限（可能であれば１日６g未満）をお勧めします。特に糖尿病や慢性腎臓病の人は、循環器病や腎不全の予防のためにも、１日６g未満の減塩を推奨します。また、大人になっての高血圧や循環器病を防ぐためには、子供の頃から食塩を制限することが望まれます。

「減塩って、高齢者の問題でしょう」

「高血圧になっても、今は良い薬があるから大丈夫だと聞いた」

そんなふうに思う人もいるでしょうが、若いうちから減塩を意識することで、高血圧などの病気リスクは下げられる、ということを知ってほしいんですね。たしかに医療対策も進んでいます。しかし病気はやはり、罹《かか》らないですむなら罹らないほうがいい。将来的な治療費と薬代はなるべく抑えたいと願う人は多いはずです。

私はフリーランスになってまず考えたことのひとつが、「収入が不安定になるのだから、なるべく健康を維持しなければ」ということでした。一寸先は闇、突然病気になって医療費がかさむことは極力避けたい。そこで食生活に密接するリスクヘッジとして、減塩を考えました。第5章でも詳しくお伝えしますが、まずは「塩分を控えた食生活は高血圧、そして脳卒中の予防に効果的である」ということ、そして「日本人の多くは塩分摂りすぎの傾向にある」ということを覚えてください。これは老若男女問わずの話です。外食中心の人、コンビニやスーパーでお弁当を買う食生活の人は、減塩を心がけて損はありません。

コンビニで迷ったときこそ「減塩チャンス」

たとえばコンビニでお弁当なりパスタなり、あるいはおにぎりなりを買う場合。コンビニメーカーの食品類には必ず成分表示がついています。まずここを見るようにしてください。

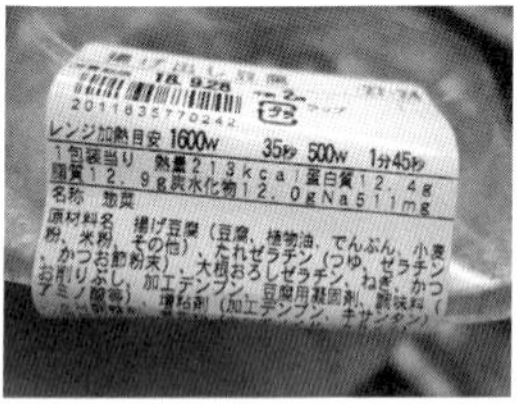

そしてAかBか、どちらを買おうか迷ったならば、塩分の少ないものを選ぶ習慣をつけるだけで、減塩につながります。

塩分表示はコンビニ食だからこそ一目瞭然、スーパーの弁当や外食ではこうはいきません。コンビニ弁当だからこそ塩分コントロールがしやすいと考えることもできます。

ただこの場合、現在のコンビニ製品ではNa（ナトリウム）表示がほとんどです（右上の写真参照・「食塩相当量」のものも混在する）。食塩とはナトリウムと塩素からできているもので、ナトリウム含有量から食塩相当量を計算するには「食塩相当量（グラム）＝ナトリウム量（ミリグラム）×2・54÷1000」という計算式で求められます。しかしこんな計算をいちいちやるのは実際的ではありませんね。2015年に行われた食品表示法の見直しにより、2020年までにはすべて食塩相当量としてわかりやすく表示されるようになりますが、今のところはナトリウムの数値がより低いものを選ぶようにするといいでしょう。グラム数の表記あり、ミリグラム数の表記ありと混在していて分かりにくいとは思いますが、頭の片隅に入れておいてほしいと願います。

最初からＷＨＯが提唱するようなレベルの減塩を目指すのは、これはもう至難の業。それに好きなものを食べられないストレスってかなり大きいですからね。

「ＡかＢか迷ってどちらでもいい場合は、塩分が少ないほうを選ぶ」

というところから、始めていければと思います。もしこの習慣づけが可能ならば、ぜひ実践してください。

ひとつ蛇足ではありますが、ここで書き記しておきたいことがあります。コンビニ食の材料・成分表示シールの多くはパッケージの底面、裏面に貼られています。サンドイッチなどは見やすいですが、お弁当類を購入前にひっくり返して成分表示をチェックする、というのは心理的に抵抗がある人も多いでしょうね。売る側からしたら「表に貼っては食品が見えにくく、見栄えも悪くなって売れなくなる」という意見も当然あるでしょう。ただカロリーや塩分を知りたい、および材料にどんなものが使われているかを知りたい、というのも消費者の素直な気持ちであると私は思います。添加物などが気になる方も少なくないでしょうし。

この点がどうかうまく今後改良されるよう、各メーカーにお願いしたい次第です。

冷凍野菜は減塩にも効果的

さて、なぜ冷凍野菜のちょい足しが減塩に効果的なのかについて。

「栄養バランスを考えて、今まで以上に野菜をとろう」と思った場合、コンビニ弁当1品で済ませていたところに、サラダを加えたり、お惣菜を1品買って足す、という方法もありますね。しかしこの場合はサラダならドレッシング、お惣菜なら醤油なりソースなり、調味料の塩分がプラスされ、トータルの塩分が結果的に増えてしまうのです。

減塩は積み重ねが物をいいます。ちょっとした間食や副菜でも、塩分は結果的にかなりプラスされてしまうもの。たとえば、先ほどご紹介したセブンイレブンの「イタリア産野菜ミックス グリル野菜」の食塩相当量はゼロ。なので「調理せずそのまま冷凍野菜をチンして料理に加える」というのは、減塩の観点からもおすすめなのです。

自炊を始めるタイミングは……

ここまで、日々の食が「中食」（市販の弁当や惣菜を持ち帰って食べるスタイル）中心の人向けに自炊力を考えてきました。

どう選ぶか。

どう組み合わせるか。

どう足すか。

自炊に踏み出すタイミングがなかなかつかめない人は、今食べているものにちょっと野菜でも足してみませんか。

プチトマトやカイワレ大根、スプラウトといったそのまま使える野菜を市販のサラダや、インスタントラーメンに足してみる。コンビニ各社では、そのまま使えるミックス野菜の種類も増えました。冷凍野菜をあたためて、コンビニのパスタに足してみる。そんなことをしているうち、もし「もっと、料理してみようかな」という気持ちになれたなら、ぜひ次からのページもめくってみてください。

第2章——「これならできそう、楽しそう」な自炊の始め方

スープ作家・有賀薫さんに聞いてみた

「時短」は時代の要請

「ごはん作りには時間をかけられない」

「時間と手間がかからず、簡単で、おいしいレシピがほしい」

このニーズに応えることが、現在の料理雑誌や料理サイトにおけるメインテーマといっても過言ではありません。手間がかからず短い時間で済ませられる、「時短」なんて言葉、聞いたことありませんか。

時短料理はそりゃ理想的ですが、言うは易《やす》く行うは難《かた》し。料理研究家さんからはたまに悲鳴にも似た声を聞きます。いや、レシピ開発が難しいとかそういう悲鳴じゃないのです。

「ああ、たまには手の込んだ料理を紹介したい……!」

「どこの依頼も時短ばっかり。じっくりと作る料理もやらせて」

料理大好きな研究家さんからしたら、時間をかけて作り込んでいく料理や、手のかかる料理の素晴らしさだって伝えたい。しかし編集や制作サイドからは、

・プロセスはできるかぎり少なく

・3ステップぐらいで完成の料理が理想
・より少ない工程（かつ美味）ならなお良し！
・必要な食材はなるべく少なく
・全国的に手に入りやすい食材・調味料で作れるものを

といった条件、よく出されるんですね。

「だからねハクオーさん、八宝菜なんて即座に却下されるのよ。『八宝菜ってことは最低８種類も食材がいるんですよね、ダメですダメです、そんなの！』なんて言われちゃって」

「ミネストローネを提案しようとして、『じゃあ、ミネストロー……』『ダメです』って最後まで言い終わる前にハネられちゃった（笑）。『あんな食材が多い上に、すべてを細かく切るようなスープなんてとんでもない、それだけで読者さん引いちゃいますよ！』だって。手間はかかるけど、それだけのおいしさがあるのにねえ……」

愚痴ともあきらめともつかないこんな声を、料理家さんから聞くことが増えました。もちろん専門料理誌や一部の食雑誌はこのかぎりではありません。しかしやはり広く大衆に向けて発売されているものは「時短」「簡単」そして「なるべく安い食材」が求められていると感じます。

ただ、読者の立場になってみればこれも納得ですよね。誰しもが時間に余裕があり、調理に興味があるわけではない。そして共働き世帯は増えるばかり。疲れて帰ってきて、7種類も8種類も食材を切ったり、皮をむいたりは明らかに現実的じゃない。扱う食材が多ければ、それだけごみの量も多くなるし、プロセスの多い料理であれば後片づけする手間も増えるものです。

「なるべく簡単で、おいしく」が求められる時代ですが、この「簡単」というのがまた難しいところ。料理において何が「簡単」かというのは一概には決められません。人によって心理的なハードルの形はいろいろなのです。自分にとってハードルが低く、「これならできそう」「これだったら、やってみたい」と思える料理と出会えるかどうか。自炊の習慣が身につくって、こういうこともとても大事だと思います。

無理なく自炊するには

そんなことを考えるとき、私は有賀《ありが》薫《かおる》さんの料理がよく頭に浮かぶのです。

有賀さんは「スープ作家」として活躍される料理家さん。もともと家族の朝食のためにスープ作りを始められ、その模様をＳＮＳにアップするうち、注目を集めました。私もリツイートされてきたツイートから有賀さんのスープを知ったのです。素朴であたたかく、いつもやさしく湯気をたたえたスープ写真が実に魅力的で、朝はそれにつられて腹が鳴る鳴る。彼女のスープレシピのいくつかは、我が家の定番ともなりました。

２０１６年３月には初の著書『３６５日のめざましスープ』（ＳＢクリエイティブ）を上梓。続いて『帰り遅いけどこんなスープなら作れそう』（文響社）が２０１８年２月に発売、どちらも増刷を重ねています。

積極的にＳＮＳを駆使することで、ユーザーのニーズを敏感に感じ取り、また実際に意見交換して、レシピに反映させてきた有賀さん。２冊目の書名がまたいいですよね。仕事が大変で料理する時間も気力もなかなかないけど、やっぱり手作りのものが食べたい、体にやさしいものが食べたい……と願う人たち向けのレシピが詰まっています。

第２章ではそんな有賀さんと一緒に、無理なく自炊していくためのコツやヒントを対談という形で考えてみたいと思うのです。

「これならできそう」「そして、楽しそう」を大事にする

白央　有賀さんは料理家さんで、私はそういう料理家さんたちと一緒に企画を作ったり練ったりして、記事を作るという立場。何度か一緒に記事も作らせていただきましたが、有賀さんのスープって料理をあまりしない人、いや、いっそのこと料理を全然しない人でも「これ、作ってみたい」という気にさせる何かが詰まっているんですね。

たとえば、以前にウェブの企画でお願いした「豆乳とめんつゆのレンチンスープ」。生卵と豆乳とめんつゆ、そしてレンジだけで完成する手軽さで実においしい。さらには油揚げ&豆苗《とうみょう》、コーンフレーク&粉チーズのトッピングなどのアレンジまでついて、「これならできそう」「そして、楽しそう」という見せ方がとても巧みだなと思うのです。

有賀さん自身、「料理をしたくてもその余裕がない」という人たちに向けたレシピ作りを積極的に行われてきたと思います。それはどういう気持ちからだったんでしょうか。

有賀　現在発売されている料理本って、料理好きの人や、必要に迫られてすでに料理をしている人のためのものが多いでしょう。料理する余裕のない人向けのものが少ない。ちょっと図にしてみましょうか。

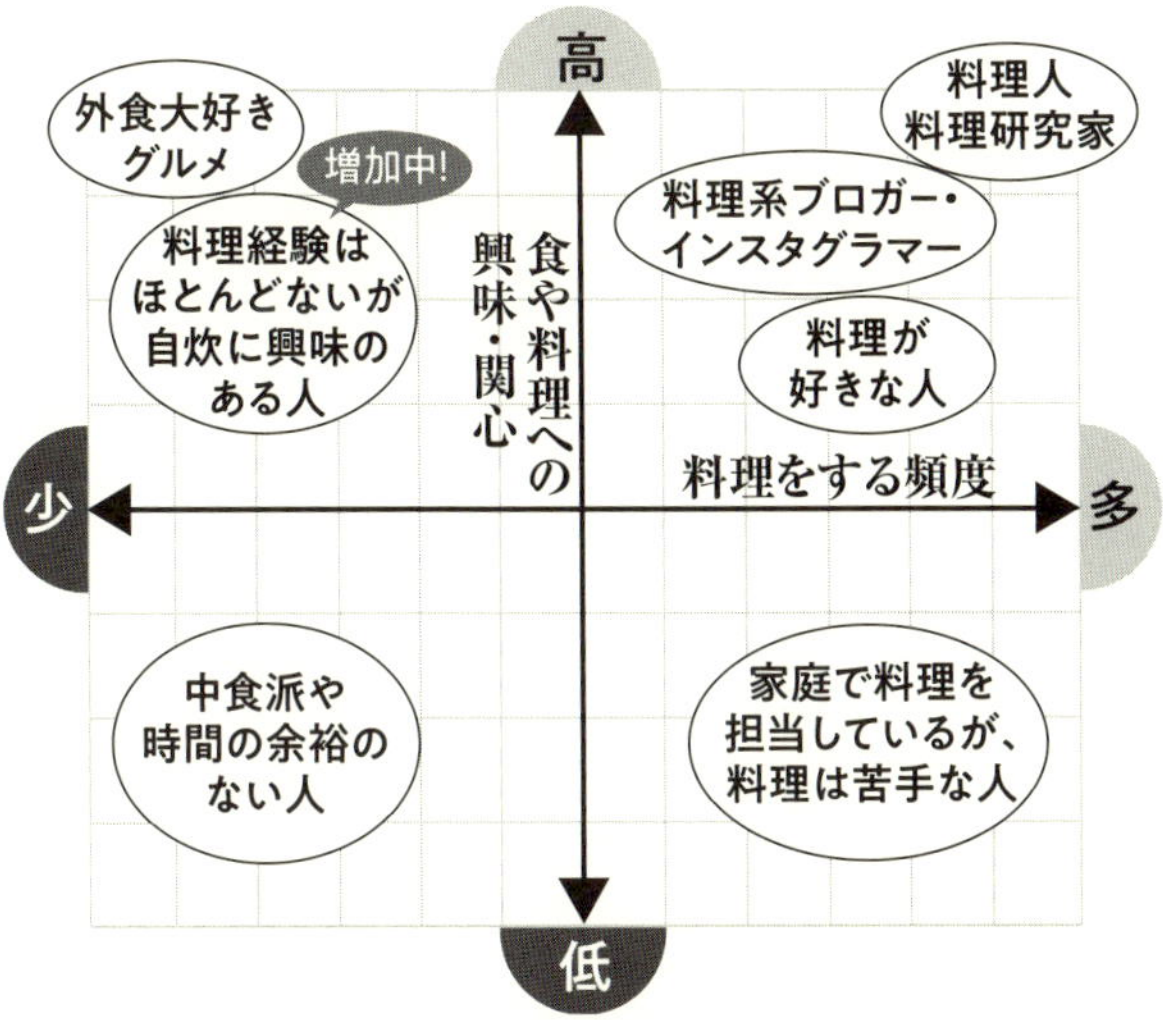

白央　上の図は料理への興味と、料理する頻度を４つの象限にした図ですね。

有賀　右上は「食に興味があり、料理もする」ですけど、最も上のほうに存在するのが料理家さんや料理人さんですよね。

白央　最も調理への興味が強く、実際に料理している人たち。その次にくるのが人気料理ブロガーや調理系インスタグラマーの方々とか、ですかね。

有賀　逆に右下のほう、「興味はあまりないが、料理する頻度が高い」というのはたとえば、家族に食べさせなくてはならない人。

反対に左側、「食に興味はあるが、料理はしない」というのは、とても忙しい、または料理以外のことに時間を割きたい、もしくは外食派の人たち。そしてさらには「食に興味がなく、料理もしない」という人もいます。

今の料理本って、基本的に右側の人、つまり料理をする人向けのものがほとんど。でも実際には、左側の料理をしない人たちのボリュームが増えているように感じています。左上にいる人々は、以前は「食べるだけ」の人でした。でも今は、料理は好きだけれど仕事で忙しくて手が回らないとか、SNSなどで「料理をちゃんとするていねいな暮らし」を見て憧れているとか、潜在的に「やりたい」気持ちのある人も多い。そこに理想と現実のギャップが生まれているんですね。だからスープを考えるときには、そういうニーズにフォーカスしてレシピを組み立てるようにしているんです。

まずは使いやすい食材、調味料からでいい

白央　ニーズに寄せる上で気をつけていることって、たとえばどんなことでしょうか。
有賀　まず、なるべくシンプルにすること。今年、私は『帰り遅いけどこんなスープなら作れそう』という本を出したんですが、その担当編集者さんは20代の女性でした。彼女、家にはマヨネーズもケチャップもないという人。

というのもマヨネーズを1本買っても使い切れず、半年ぐらい冷蔵庫に置いてあって、結局捨てる。それが罪悪感になる。だから買わなくなる。そういう話を聞いたので、この本の中では塩コショウ、醤油、味噌、そしてめんつゆに調味料をほぼ絞り込んでいます。「醤油を持っていないけど、めんつゆは持っている」という人、料理をしない人の中でも案外いるんですよ。

白央　それら以外は一切使わないというのは大変でしたか？

有賀　スープってスパイスやハーブをちょっと使うだけで、とてもおいしくなるんです。たとえば柚子胡椒《ゆずこしょう》とか豆板醤《トウバンジヤン》とか。でも少しでも手に入れにくい調味料やスパイスが入っていると、先の編集さんから「無理です！」と言われるので、なるべく使わないようにしました。

白央　「使ってみたらすごくおいしくなるよ、やってみよう」だと、届きにくい。そういうのは料理に興味があって、ある程度やった上でのステップなんですよね。聞いたことない食材や調味料が出てくると、心理的な抵抗が強くなってしまう。

有賀　先の編集者さんのご意見は、いろいろと参考になりました。「料理をしない人間からすると使いにくい食材がある。それは玉ネギ、ニンジン、キャベツ！」なんていうのも。

白央　基本中の基本、おなじみの野菜ですね。その理由は？

有賀　まず玉ネギは皮をむくのが面倒くさい、薄皮の部分など特に面倒だと。ニンジンは煮えにくくて時間がかかる。そしてキャベツは、ひとり暮らしの台所には大きすぎると。

白央　ああ、それ分かります。私もワンルームアパート生活長かったけど、キッチンの広さを考えると納得ですね。

有賀　まな板もカッティングボードだったり、百均で買ったようなプラスチックのまな板だったりすると、キャベツや白菜を切るのは大変なんですよね。

白央　まな板からゆうに野菜がはみ出ちゃいますからね。プラスチックのまな板だと重量のあるものを切るときはやりにくい。スーパーでは2分1カットや4分の1カットのキャベツや白菜を置いてるところも多いですけど、それでもまだ扱いづらいサイズかも。

有賀　ですから包丁で切るのではなく、キャベツは手でちぎったり、キッチンばさみを使ったりするようにして、レシピを考えました。先の編集者さんに実作してもらったら、「おいしかった！」と言ってくれて、以降日常でもキャベツを買うようになったんです。そしたら彼女、「キャベツって、リーズナブルな野菜ですね！」って。

白央　結構キャベツは冷蔵庫内で日持ちがするし、料理用途も広いから、うまく使えれば経済的ですよね。天候が安定しているときは求めやすい値段だし。こういう野菜ごとの「経済性」って、実際に使ってみないと分からないもの。値段は手ごろでも、その人にとって「この野菜の皮むきは苦手」となると使いづらくて消費しにくいし。たとえば私はジャガイモの皮むきがどうにも億劫《おっくう》で、実はあまり手が伸びないんですよ。

有賀　実は私は、葉物を洗うのが面倒で。ホウレン草や小松菜など、冷蔵庫でつい放置しちゃうこと、あります。

白央　皆、何かしらありますよね（笑）。さて有賀さんはスープ作りのワークショップなども定期的にやられていますが、ビギナーの方向けにはどういうスープを教えるんですか。

有賀　初心者向けのイベントはまだ始めたばかりなんですが、ただ簡単なレシピでやっても、途中でみなさん興味がなくなってきちゃうんですよ。

白央　飽きちゃうということですか？

ふたつの〝楽〟を大事にする

有賀　「野菜を刻む」「さらに炒める」など基礎を地道に伝えても、なかなか魅力を感じてもらえない。もっと内容を簡単に「楽《ラク》」すると同時に、「これはやってみたい！」と思えるような「楽しさ」を入れるようにしています。
楽《ラク》と楽しさ、「ふたつの楽」と私は呼んでいるんですけれど。

白央　そのふたつのポイント、具体的に教えてください。

有賀　「楽《ラク》」でいえば、インスタント食品など、簡単でなじみのあるものを使うんです。たとえばホウレン草のカップスープ。お湯で溶いて、そこにホウレン草の冷凍野菜をドボッと入れる。それをもう一度チンする。
　カップスープだけだと本当にできあいのものっていう感じだし、冷凍野菜だけをチンしても「いかにも冷凍のもの」ってなるんですけど、なぜかそのふたつを組み合わせると、できあい感がそれぞれ薄まって「手作り」しているような雰囲気が生まれるんですよ。野菜もたっぷりとれますし。

白央　なるほど！　レンジ、カップスープの素、冷凍野菜……この3アイテムを組み合わせて「手作り感」が生まれてくるってのは面白いですね。

有賀　「カップスープの素をチンするのが手料理なのか？」という方もいると思います。でもスープという料理は、味噌汁ほど作り慣れていない方が多いものです。だからまず、スープを作ることとそのものに親しんでもらう。そして少しでも手をかけることで「手抜き」ではなく「手を加えている」感覚を持ってもらえれば、と。

白央　今の話を聞いていて思ったんですけど、レンジや冷凍食品を使うのは現代の日本の食卓において当たり前のことになっているのに、そのことに対して引け目を感じている人ってかなりいますね。「このぐらいじゃ、自炊って言っちゃいけない」と線引きをしてしまう。

そういえば、あるときSNSでこんなつぶやきを見かけたんです。

「お米を炊いて、納豆かけて、インスタント味噌汁。こんなレベルでも、これが私なりの自炊です」

こんなレベルって謙遜する必要、まったくないですよね。立派な自炊だと私は思う。

有賀　ツイッターで「料理家さんの簡単って、全然簡単じゃない！」と言われてハッとしたことがあります。

たとえば誰かが「料理に興味がある」とSNSで言うと、私のような上から目線の人間がすぐにしゃしゃり出てくるんですよ(笑)。で、「こうやったらいいわよ」と、レベルの高いことをアドバイスしてくる。「それが嫌で、料理やりたいと言えなくなってしまう……」という声を聞いたこともあります。教える側にも大きな責任があるなと思いました。

白央　子どもの頃の習い事を思い出しますね。私は小さい頃ピアノを習っていたんですが、

「これはやさしい曲だから、きっと弾けるわよ」という言葉がすごくプレッシャーになり、翌週行くのが嫌になっちゃったことがあるんですね。先生が簡単だと言っていることが、自分にはどうにも簡単に思えなかった。「その人にとっての〝簡単〟とは?」を考えることが、教える方の立場にしてみたら大事だと思うんです。

簡単なテクに「ときめき」を組み合わせる

白央 さて有賀さん、簡単という意味での「楽」は分かりましたが、楽しさのほうはどんな風に盛り込むんですか?

有賀 たとえば私のレシピに「キャベツと豚肉の甘酒味噌汁」っていうのがあるんです。イベントなどで人に教える場合には、本来キャベツは包丁で切るところを手でちぎります。豚肉はキッチンばさみで。そのほうが動きもあるし、包丁が苦手な人にはやりやすく感じられるし、さらには楽しそうにも見える。そして最後に甘酒を加えて仕上げるのですが、甘酒って女性にとっては「ときめきの食材」なんですよ。こういう食材を加えることで、「やってみたい!」という気持ちが高まるんです。

白央 それは同時に「甘酒を味噌汁に入れるの!?」という意外性による楽しさもあるので

しょうね。たしかに味の想像がつかない（笑）。実際に作ってみたくなります。

有賀　そうそう、先の編集の方には「アボカドを使ったスープは必ず入れてください」とも言われました。「みんなアボカドは大好きだから！」って。多くの女性にとってはアボカドも「ときめきの食材」のようなんです。「おいしくて美容と健康に良い」というプラスのイメージがあるんですよ。若い女性であまり料理はしないけれど「アボカドの皮のむき方は知っています」という人は多い。

白央　興味のあることって自然と耳に入って覚えますもんね。

有賀　アボカドや甘酒のように気持ちが高揚する「ときめきの食材」と、ごく簡単なテクニックを組み合わせる。これがビギナーの方にまず料理に興味を持ってもらう上では効果的だと思っています。

白央　簡単なだけじゃ飽きてしまって続かない。何かときめくようなものがからむと俄然《がぜん》料理は楽しくなる……。

分かるなあ。自分もそうだったんですよ。料理を始めて間もない頃、当時大好物だったタイ料理のグリーンカレーを作ってみたんです。できあがって感動しました。「店の味と同じだッ！」って。実際はグリーンカレーペーストを使えば誰がやっても店っぽい味になるんですけどね（笑）。

　でも、その経験でとても自信が持てたんです。さらに新たな料理も作ってみたくなりました。ときめきや成功体験は、料理を続けていく上で本当に大事ですね。

有賀　料理ができるようになるためには、やっぱり一歩踏み出さないといけないんです。白央さんにとってその一歩は、グリーンカレー作りだったのかもしれません。

料理へのハードルはできるだけ低くする

有賀　たとえばお湯を注ぐだけのカップスープは「向こうから差し出される」もの。ただ受け取るのではなく「そこに何かプラスしたらどうなるかな？」って考えてみるのも、料理の第一歩だと思います。十人いたら十人違うものができる。さっきのように冷凍野菜を入れるのは、スープの「追い野菜」と私は呼んでいます。そういうことでいいと思うんですよ。
白央　カップスープに好みの冷凍野菜なりを入れてみる……その場合、どんな組み合わせがいいか考えてみるというのは、これから自炊力をつけていきたいと願う人にとって、簡単で、いいトライアルになりそうだなあ。
有賀　レトルトや冷凍食品も最近はおいしくなっていますよね。そのほかにもたとえば冷凍のチャーハンに、コンソメの素をお湯で溶いてかけて「スープかけごはん」にするのもおいしい。こんな感じで、料理の第一歩を踏み出すためのハードルを下げていくことって大事なんですよね。

白央　ところで有賀さん、「スープだと軽すぎてお腹いっぱいにならない」という意見の人もいます。スープ一食で腹持ちをよくするためのコツがあれば、教えてくれませんか。

有賀　基本的には具だくさんにすることですね。私の作るスープって、基本的にはスープというより「汁たっぷりの煮もの」みたいな感覚なんです。あとは豆、米、パスタなどの炭水化物を入れること。たとえばイタリアにはズッパと呼ばれるパン入りのスープがあります。これは腹持ちを良くするための工夫ですね。

白央　缶詰のコーナーにいくと、豆の水煮缶がいろいろありますよね。大豆やミックスビーンズのものなど、それこそレトルトスープに加えるのに適している。食塩無添加の豆缶を使えば味つけも濃くならないし。

イタリアのズッパのイメージで、硬くなった昨日のパンをちぎってスープに入れるのもいいですね。何か加えるとどうしても味は薄くなるから、そのぶん塩やコショウを足してみる。うま味が物足りなく感じたら、ちょっとケチャップやら醤油やら足して微調整していく……

というのが少しずつできたら、理想的ですね。

冷凍食品に罪悪感を抱く必要はない

白央　「簡単で時間のかからない料理を」「誰でもできそうな料理を」というニーズは年々強くなっているように感じます。有賀さんはどうでしょうか。

有賀　そうですね、私も「できれば包丁は使わずに」「コンロは使わず、レンジだけで済むレシピを」「鍋を使わないレシピがほしい」「コンビニでも買える食材で」といった要望をこのところいただきましたよ。ほかには半調理野菜を使うとか。つまり冷凍野菜、カット野菜などですね。最近ではゆで野菜を置いているスーパーもありますね。

白央　洗いものをなるべく出さず、できるだけ少ないプロセスで——という要求なのでしょうが、スープのレシピで鍋さえも使わずに、というのはちょっとビックリ。

有賀　本当に今の人たちは疲れている。鍋どころか、買い物するのもつらい人もいる。単なる肉体的な疲労だけではなく、「ちゃんとやらなきゃ」というプレッシャーが大きすぎるのではないでしょうか。冷凍食品や外食への罪悪感を持っている真面目な人ほど、料理から目を背けたくなるのかもしれない。

白央　そういう罪悪感って、毎日親が料理を作っていた家庭の子ほど強いように感じています。世代的には現在30歳ぐらいから上、それもやっぱり女性が強く感じていますよね。この世代は専業主婦の母親が多かった最後の世代ではないでしょうか。

有賀　世代は変わっても、価値観がちっとも変わってないんですよ。ツイッターなどで若い方とやり取りしていると、悩みが私の世代の兼業主婦と同じ。「料理していないことで周囲から責められるのではないか」という恐れを感じているんだなあ、って思います。たとえば、子どもの頃に塾通いが忙しくて親の料理の手順を見たことがないまま社会に出ている人は、料理ができなくて当たり前ですよ。そして、繰り返しになりますが、できないことは悪いことではまったくない。

そもそも生き方が母親とは違うのだから、食事に対する考え方も変えていくべきですよね。罪悪感どころか、忙しい人ほどレトルト、冷凍食品などを柔軟に取り入れたほうが、栄養のバランスはとりやすいと思います。

スープは簡単で、失敗しにくい

白央　「料理しない私は責められるのでは」と感じる女性がまだまだいる一方で、料理することに抵抗のない男性も増えている。誰かと一緒に暮らす場合、自炊力はお互いが保持していればベストですよね。しかし現代は社会に出ると忙しすぎて余裕がなく、料理に慣れる時間や余裕が持てない人が多く、そのまま年月が経過してしまう。

有賀　そういう方たちの助けになるようなレシピを考えるとしたら、「彼らのリアルな生活の中にどんな食があるか」って考えることが大事だと思うんです。

白央　同感です。だからこそそのコンビニ活用術や、冷食や缶詰など買い置きできる食材を活用してのレシピが求められている。先の有賀さんの担当編集者さんじゃないですが、冷蔵庫の中に生鮮食材があるというだけで「今夜も忙しくて早く帰れず料理ができない。ああ、腐らせちゃうなあ……」などと負担になる人もいるわけですし。

有賀　仕事が終わってからの帰宅時間にスーパーが開いていないとしたら、コンビニで手に入りやすいもので作れるレシピがあることも大事ですよね。ただ「その先のおいしさ」もやっぱり私は伝えたいんです。生の肉や野菜を使って作るおいしさもね。

白央　そうですね、だんだんとそっちにも興味が湧いてきて、良きタイミングでトライできるというのが理想のステップアップですよね。たとえば、スープの素やインスタントを利用しつつ、「これをイチから作るとしたら、どうやるんだろう？」なんて気持ちが湧いたときは料理どき。そこを逃さないでほしいですね。

はじめに紹介した、豆乳スープはとても手軽で、かつワクワク感のあるレシピで大好評でした。「すっかり朝の定番になった」という反響は実に多かったんですよ（「有賀　豆乳」で検索してみてください）。

有賀　スープはとても自由度の高い料理だから、基本的に何を入れてもいいんです。失敗しにくいから、最初に試してみる料理としては向いていると思う。

まずは一歩、踏み出してほしいですね。

料理との出会いを大切にする

ふたつの「楽」で生徒さんや読者さんの「料理してみようか」という気持ちを刺激するという有賀さん。「これなら作れそう」という気持ちと、「これを作ってみたい」という心の弾みを同時に誘うことが大事というのは、心から納得。そんな料理にひとつでも多く出会えることが料理力、ひいては自炊力のアップにはとても大切なのだと思います。

ただ受け身でいてはそういう情報は入ってこないもの。

次章ではみなさんの料理意欲を刺激するための方法を提案させてください。

第3章——まずはレシピ本より、テレビを

誰かのファンになれば、料理がもっと好きになる

「作りたい料理」を書き出してみる

いきなり身もフタもないことを書きますが、料理は場数です。いえ、正確に書くとするならば、相応のおいしさと手早さを伴う料理能力は、場数をこなしていくしかありません。逆に、「味はまあまあ、自分がよければそれでいい。手早くできずともいい」と思えるならば、それほど場数は必要ではありません。

しかし、「最初から人を唸《うな》らせるようなおいしい料理を作りたい」「最も早く上達する道を探したい」と考える人はわりにいるもの。特に後者の場合など、いろんな初心者料理教室をかたっぱしから受講していくことで、結果的に料理経験値が上がりどんどん上達していく……なんて剛の者もいるのですが、やはりそんな人はごくごく稀《まれ》です。

無理せずマイペースに、まずは何か作ってみましょう。

さて、みなさんの作りたい料理とはどういうものでしょうか。

どういう献立を作りたいですか。

あなたの日常食として、どんなものが作れるようになりたいでしょうか。

と、尋ねられたときに作りたいメニューが2日分なり3日分なり浮かぶ人は、比較的早く自炊力がアップする人です。

たとえば語学で考えてみましょう。「英語が話せるようになりたい」と漠然と考えて英会話スクールに通い出したとしても、なかなか英語力は身につかないもの。「英会話を学んで私は何をしたいのか？　何ができるようになりたいのか？」が最初からハッキリしている人は、上達も早いと聞きます。

これ、料理も同じことなんですね。「料理ができるようになりたい」よりも、自分はどんな料理を作りたいのか、日々の生活でどういうものを作って食べたいのかを最初に具体的に考えておくことが、自炊力を身につける上で大事だと私は考えます。

漠然と料理をし始めずに、いくつか作ってみたい料理を書き出してみてください。その中で共通する食材や調味料を用意するようにしてからスタートすると、わりと無駄なく効率的に始められます。

しかし、いざ問われてみて「作りたいもの」は浮かぶでしょうか？　ざっくりとは浮かぶけれど、具体的に料理名まで思い描ける人というのはすでに料理の知識がかなりある人です。

自炊はしていきたいけど、「作りたいもの」が浮かばない場合、どういうものを作りたいのか漠然としている場合は、まずこんなトライから始めてみるのはどうでしょうか。

ファンになれる料理家を探してみよう

現在、テレビでは数多くの料理番組が放送されています。特に有名なものとしては、NHK『きょうの料理』（1957年放送開始）が60年以上前に始まった老舗《しにせ》の大看板。続いて歴史が古いのは日本テレビ系列『キユーピー3分クッキング』（1962年放送開始）。このふたつの番組のテーマソング、口ずさめる人も多いでしょうね。

またテレビ朝日系列では『おかずのクッキング』（1974年放送開始）が40年以上続く長寿番組。同系列では『上沼恵美子のおしゃべりクッキング』（1995年放送開始）も息の長い人気番組です。そのほか、朝夕の情報番組でも料理コーナーは必須のごとく放送されています。

全部とは言いません。ランダムでも構わないので、これらの番組のうちいくつかを録画して、見られるときにチェックしてください。熟視する必要はないんです。ながら見でも構いません。

そうすることで、あなたはたくさんの料理家や料理人と出会います。きっと「こんなにも料理研究家っているのか！」と思うでしょう（本当に、数え切れないほどいます！）。その料理家の中から、あなたが「この人の料理、おいしそう」と思えた人をリストアップしてください。気になる人の名前をメモしてください。選ぶ基準は、料理だけでなく「なんかこの人の雰囲気や話し方、いいな」でも構いません。もうシンプルに「顔がタイプ」だっていいんです。

みなさんは何か新しいことに興味を持ったとき、誰かのファンになったことで一気にハマり、その世界に詳しくなったことはありませんか。

たとえばあまりスポーツには興味なかった人が、誰かのファンになったことで観戦するようになり、細かなルールはもとより業界のことにまで詳しくなるなんてこと、ありますね。たとえば私の周囲では、羽生結弦選手のファンになったことでフィギュアスケート界にドハマりし、解説要らずでルッツやトゥループといったジャンプの種類までも瞬時に見分けられるようになった人が少なからずいます。

料理に関してもこういう効果、期待できるんです。

ただ漠然と「料理できるようになりたい」という思いで料理番組を見ても、結局は「おいしそう」「でも、難しそう」程度の感想で終わってしまいがちです。まずは料理家で、ファンになれそうな人を見つけてみませんか？

結局人間は、興味のない人に指導されてもなかなか頭に入ってこないんですね。料理の内容いかんではなく、「見かけが好き」「話が面白い」「なんとなくキャラが好き」……そんな理由で充分です。「あの人の料理が作れるようになりたい」という思いが発生しだしたら、しめたもの。これまでの取材を通じて感じているのは、ファンになれる料理家を見つけたことで、結果的に技術を早く身につけたビギナーさんはとても多いということです。

まずはテレビで、いろんな料理家と出会ってほしいのです。

料理家のキャラと哲学を感じ取る

そして、料理番組をチェックするうち、みなさんは多くの料理も知ることになります。同時にその調理過程を目にすることで、なんとなくでも「これなら自分でもできそう」と思うこともあるでしょうし、「こんなのは私には無理」とも思うでしょう。

「この人の料理はすごくシンプルで、私もできそうだ」

「昔ながらのお惣菜料理がこの人は得意なんだな。せっかく始めるなら、きっちりと和の調理法を学びたい」

「盛りつけがきれいだなあ。やるならば、ＳＮＳで褒められるようなビジュアルの良い料理が作れるようになりたい」

「あ、うちの親の料理にちょっと近いような。懐かしい。こういうの作れたらいいな」

「この先生は和・洋・中となんて幅広く作れる人なんだろう。すごい……！」

「へええ、40代から料理を始めてテレビで教えるまでになったのか。私とスタートラインは一緒なんだな。興味ある」


料理番組を見るうち、みなさん様々な感想を抱かれることと思います。料理番組が伝えるのは、料理のレシピとプロセスだけではありません。料理する人、それぞれのヒストリーや人間性、何よりも料理に対するスタンスや哲学を感じ取れると思います。

テレビは人の「素《す》」を映し出すもの。おのずとその先生の人柄は伝わってきます。ぜひぜひ、相性のよい方と出会ってください。あなたが共感することのできる料理家と出会えたとしたら、もうその時点で自炊力は一段階アップしたも同然です。

あなたに合う料理家が必ず見つかる番組リスト

さあ、それでは料理番組のザッピングを始めましょうか。代表的な番組とその特徴を紹介していきます。

NHK『きょうの料理』……料理家のキャラが見えてくる

毎週月曜〜木曜の21時からの放送で、毎週いろんな講師が日替わりで登場します（ときに2夜連続や4夜連続で同じ講師のことも）。放送時間は25分、ほかの番組と比べてもこれは長めで、各料理家さんのキャラクターを知る上でも好都合。それぞれの人柄も伝わりやすいと思います。

『きょうの料理ビギナーズ』という5分間の短い番組もあるのですが、こちらは講師を表に立てず料理プロセスを紹介するものなので、今回は省きます。

NHK『あさイチ』……ビギナーからマニアまで

毎週月曜〜木曜の9時30分過ぎから料理コーナーがあり、こちらも日替わりで各界から多くの料理家・シェフが登場します。放送時間はだいたい15分前後。番組自体のメイン特集が料理のことも多々あり。ビギナーのための簡単クッキングの回もあれば、かなりマニアックに上級者向けのレシピが紹介されることも少なくありません。ただ、料理コーナーのみを録画しにくいのが難点。

日テレ系『キユーピー3分クッキング』……シンプルな構成が◎

毎週月曜〜土曜、11時45分からの放送で、基本的に料理家4人が持ち回りで登場します（不定期に違う講師が登場することも）。3分クッキングというタイトルですが、実質は10分の放送。時間の都合上、番組構成はシンプルこの上なく、ビギナーにとっては「もうちょっとゆっくり料理してほしい」と思うかもしれません。作り慣れてくると、余計なおしゃべりなど一切ない構成が「レシピだけ知りたい」ときにありがたいのですけれどもね。

テレ朝系『おかずのクッキング』……土井ワールドに浸ろう

毎週土曜朝4時55分からの放送で、毎回2人の講師が登場します。放送時間は25分。レギュラー講師はソフトな大阪弁の語り口が印象的な料理研究家の土井善晴《どいよしはる》さん。1988年から同番組の講師を務められています。もうひとりの料理家は週替わりで登場。この番組は完全に「土井善晴ワールド」を楽しむ番組。彼のキャラクター、そして食哲学がハマるなら、参考になることこの上ありません。

テレ朝系『上沼恵美子のおしゃべりクッキング』……分かりやすい辻調の教え

毎週月曜〜金曜13時40分からの放送。和・洋・中それぞれのレギュラー専門講師が日替わりで登場、いずれも辻調理師専門学校の教授です。放送時間は15分。

料理学校がバックについているので、調理におけるキーポイントの教え方が的確です。「なぜここは強火なのか」「なぜこの手順なのか」など、外してはならないポイントとその理由を効率よく学べると思います。私はこの点が非常に気持ちよく、料理し始めの頃によく録画しては実践していました。この番組からかなり料理のレパートリーを増やしたものです。ちなみに毎月最終週は「簡単スピードメニュー」と題して、シンプルでプロセスの少ない料理を紹介しています。

TBS系『おびゴハン！』……北斗さん本格料理に挑む

毎週月曜〜木曜9時55分からの放送で、司会はタレントの北斗晶さん。和食、中華、フレンチ、イタリアン、インド、韓国、洋食のプロのシェフたちが登場し、毎回2品を調理しながら紹介します。放送時間は30分。かなり本格的な料理をトークを交えつつ紹介、シェフがプロのレシピをひとつ、主婦でもある北斗さんが家庭的なレシピをひとつ教えるというのが基本構成です。

フードライターと名乗って仕事を始めた頃、私はこれらの番組ほぼすべてを録画して1年半ぐらいの間見続けました。「現在、料理界ではどんな人々が活躍し、どんな得意分野を持っているのか」ということをチェックしたかったのです。これは同時に「様々な料理のおさらい」にも役立ちました。

和・洋・中の定番料理、どんなプロセスで作られるの？
レシピ上の重要ポイントってどこ？
そこを分かりやすく説明するにはどうしたらいい？

料理研究家とテレビの制作サイドは、この3つについて考え抜いています。特に長寿番組は、これらを伝える上でのノウハウも蓄積されている。分かりにくければすぐ視聴者からクレームも来るでしょう。そして番組後には反省会が常に開かれ、次回に生かしてゆく……ということを長寿番組は数十年繰り返してきたのです。

料理だけでなく、「おいしそうな盛りつけ方」「おいしそうに見せる皿の選び方」などなど、様々な視点から料理を高める工夫もなされているんですね。それらの映像を習慣として目にすることは、自炊力を高める上で決して無駄にはなりません。

現在ネットには料理動画も多いですし、動画配信を積極的に行っている料理家さんもいます。ひとつのレシピの作り方を追いたいときは便利なこともあります。ですが作る上での要点の見せ方、伝え方はまだまだ老舗料理番組に一日《いちじつ》の長《ちょう》ありと私は思っています。

まずはお気に入りの料理家さんを見つけて、彼らの発信をどんどんチェックしてください。

「レシピ本」はすぐ購入しないこと

「テレビもいいけど、録画消化の時間が取りにくい。活字じゃダメ?」

と、思う人もいるでしょう。

「初心者にやさしいレシピ集」

「はじめての人のための調理本」

といった出版物も多いですね。たしかに役に立つものですが、完全にビギナーの場合には私はおすすめしません。

というのもレシピというのは、それなりの読解力が必要なんです。
「大さじ1」ぐらいはまだイメージできるとしても、

「小さじ3分の1」
「カップ2分の1」

あたりはどうでしょう。また、レシピ独得の表現はたくさんあります。

「強めの中火で」
「サッと水に取り」
「サッとゆでて」
「軽く煮詰めて」
「長めの乱切りに」
「たっぷりの水にひたす」
「食べやすく切る」

「きつね色になるまで炒める」
「ひと口大に切る」
「粗熱《あらねつ》が取れてから冷蔵庫へ」
「くたっとなるまで煮る」
「余分な脂を取る」
「しばらくグツグツと煮詰めていく」

などなど、いずれもある程度料理をしていれば難なく分かることなんですが、経験の浅いうちはチンプンカンプンじゃないでしょうか。もちろん、「誰にでも分かりやすく」を心がけて作られている料理本はたくさんあります。しかしながら最低限の専門用語はやはり登場してくるもの。料理にまったく触れてこなかった方であれば、どれが「やさしく書かれている本か」を選ぶのからして難しいですしね。
ちなみに私は、あるビギナーの読者さんから「きつね色になるまで炒めるってありますけど、いろんな色のきつねがいますよね」と言われたことがあります。「きつね色」というのは焼いたり揚げたりする際の、食材や衣の色の程度を表す言葉のひとつ。こんがり焼けた茶色を示すお決まり表現なのですが、たしかに慣れていないと分かりにくいですね。

また、カレーに入れる玉ネギを炒めるとき、「あめ色になるまで」という表現もしばしば使われるのですが、これが調理のプロの間でも薄い黄褐色をイメージする人もいれば、濃い茶色をイメージする人もいるのです。ますますもって、ややこしい。

分かりにくいといえば、塩など細かい粒子のものをごく少量入れるとき、「耳かき1杯分」という表現も昔はよく使われました。または野菜などを「マッチ棒ぐらいの長さに切る」なんて表現もあったり。しかし、これらの表現は、最近ですと編集者から「分かりにくいのでやめてください」と言われることが多いようです。

テレビでは音を注意して聞く

閑話休題。料理本を手に取るのは焦らないで、というお話でしたね。突然ですが、受験勉強の頃を思い出してください。参考書を買っただけで勉強した気になり、そのまま放置した経験ってありませんか？ 「やさしい数学」なんて書かれた参考書を開いてもまったく頭に入ってこない、というかどこが「やさしい」のか全然分からない……。はい、これは私の体験談ですが、料理本の世界でも同じようなことは頻発するんです。

ビギナーのための料理書などは、料理プロセスを実に懇切丁寧に、分かりやすく書いてあるものもあります。しかしやっぱり料理って、文章で伝えるには限界があるんですよ。料理は音や温度や香りなど、五感で覚える部分が大変多い世界。食材が正しく切られているときの音、炒められているときの音、煮えている音、食材や調味料を入れるベストタイミングでの鍋やフライパンの熱感、調味料が効果的に加わったときに立ち上る香り、ほどよく加熱されたときの食材の質感……などなどを体感することが、料理を身につける上ではとても大切なのです。

昔からのやり方ですと、親きょうだいなり、先輩なりの隣で見て、感じて覚えるのが料理ですから、文字だけで料理を覚えようとするのはやはりハードルの高いこと。

現在一般的に使われている調理用語、料理表現は、先人が「いかに分かりやすく伝えるか」を念頭に苦労して編み出してきたものです。ですから、これらの表現を、映像と共に知ることが理解への「近道」だと私は思うのです。

テレビから熱や香りは伝わりません。しかし音は伝わります。食材を切るときの音、炒めるときの「ジャーッ」という音、煮るときの「ぐらぐら」「ふつふつ」「ことこと」というニュアンスの違うそれぞれの音など、調理時に出る音は、録画を消化するときなるべく注意して聞いてください。自分がそのレシピを調理して再現するとき、同じような音を出せるようになるのが理想です。また、煮るときならば表面の泡立ち具合も見逃さないでください。

「切り方」ひとつで味は変わる

料理番組を見続けていると、

「大さじってあのぐらいの大きさなのか」

「カップ1ってあのぐらいの量か」

「アクをすくう、ってあのぐらいでいいのか」

「サッと水気を拭《ふ》き取るってあのようにやるのか」

「強めの中火ってあのぐらいか」

といったことがダイレクトに伝わってきます。まさに百聞は一見に如かず。

もちろん、ただテレビを見ていたからといって実際の計量や火加減の再現ができるようになるわけはありませんが、「なんとなく知っている」という状態になるのはひとつ大事なことなんです。

特に気をつけて見てほしいのは食材の切り方です。細切り、せん切り、輪切り、小口切り、半月切り、いちょう切り、乱切り、みじん切り、粗みじん切り、さいの目切り、そぎ切りなどなど、レシピにおいてよく出てくる切り方はザッと挙げてもこのぐらいはあります（次ページ参照）。

これ、最初は切り方がどう違うのか、どうやったらそのように切れるのか、かなり戸惑うところです。先生は簡単にやっているけれど、いざ自分が切ってみると「ああ、できない！」「面倒くさい！」「わからない‼」と感じてしまうこと、多々あると思います。私も根はズボラなほうなので、最初のうちは毎度料理しつつ「いいんじゃないのテキトーで」なんて不遜《ふそん》にも思っておりました。

しかし！　切り方ひとつで料理って本当に味が変わってしまうんです。切り方って加熱の時間とダイレクトに関わってくるんですね。指定どおりに切らないと、時間どおり煮ても煮上がらないことも炒め上がらないことも、しばしば。

たとえば肉じゃが。牛か豚肉、そしてジャガイモ、ニンジン、玉ネギと４つの材料で作るとしますね。料理家の先生たちは、４つの異なる食材それぞれがどうやったら完成時に同じような熱の通り方、味の染み具合になるかを考えて、切り方、そして加熱する順番と時間を指定しています。同時に食べごたえや仕上がり時の食感も考えています。これがサラダなど

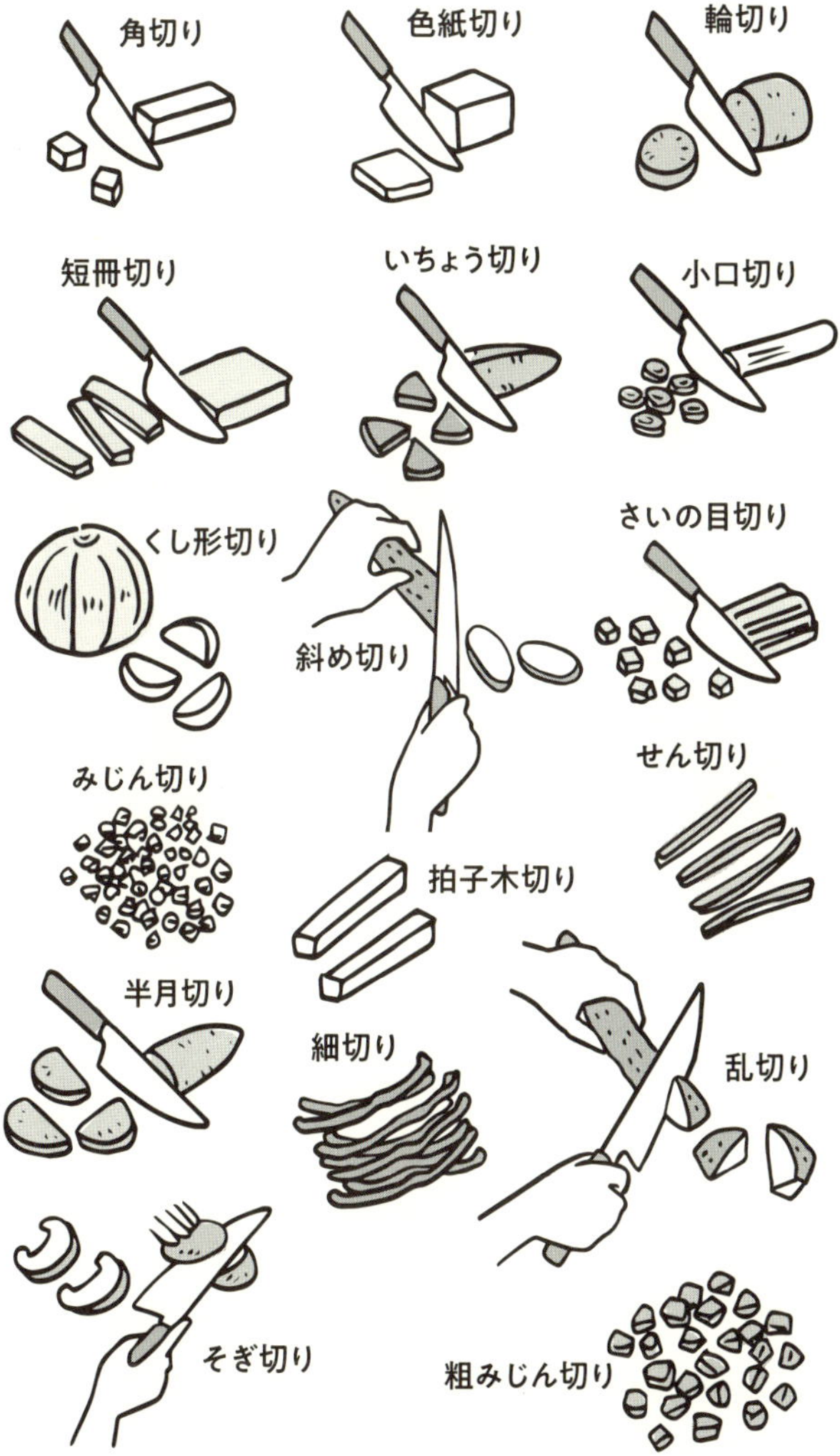
角切り
色紙切り
輪切り
短冊切り
いちょう切り
小口切り
くし形切り
斜め切り
さいの目切り
みじん切り
せん切り
拍子木切り
半月切り
細切り
乱切り
そぎ切り
粗みじん切り

であれば、それぞれの異なる食感を持つ素材がどうやったら生のまま食べやすく、口の中で食感が楽しめるかを考えて、切り方を指定しています。また口への入れやすさも考えて切り方を指定しています。

だから、切り方はくれぐれもおろそかにせず、指示どおりを心がけてください。ただ、食材の切り方って、すぐには上達しないもの。刃物に慣れるのは誰だって時間がかかります。焦っては怪我《けが》のもと。ここは焦らず、じっくりトライしましょう。

下ごしらえから見せてくれる番組を探す

作ってみたい料理リストができたら、いよいよ作り始めるときが来ました。調理で分かりにくいところがあれば、録画をリプレイしてください。繰り返し見るうちだんだんと手順が頭に入ってきます。

料理の手順は、番組によって時間の関係からカットされる場合も少なくありません。たとえば調理を始める段階で食材がすべて切ってあったり、下ごしらえがすべてなされていたり。初心者にとっては、そういう部分こそ一番見せてほしいところ。どの料理番組を録画するか決めるときは、なるべく「イチから丁寧に調理して見せてくれるかどうか」をポイントにしてもいいと思います。

読んで、作って、リプレイする

実際に何度か料理をされて、週に数回でも料理するペースがつかめてきたら、料理本や料理番組のムックを活用する良きタイミングです。『きょうの料理』はNHK出版から、『3分クッキング』はKADOKAWAから、『おかずのクッキング』はテレビ朝日から、『おしゃべりクッキング』は学研プラスから、いずれも番組専用ムックが発売されています。

ムックを読んで材料をそろえる
←
調理してみる
←
分かりにくいところは録画をリプレイ

これを繰り返すことで、レシピの読解力も上がっていきます。レシピを読んで分からない表現は、録画でチェックするクセをつけてください。

「種をこそげ取る」

「アサリはこすり合わせるように洗う」

「豆腐は大きめに手でちぎりながら加える」

たとえばこんな表現、いきなり文字だけで読んでもなかなかイメージ湧きませんよね。でも、先に番組を見ていたら、後でレシピを読むことで「テレビで見たもの」と「レシピに書いてあるもの」が一致します。これを繰り返すことで、だんだんと料理におけるボキャブラリーが増えていきますよ。回を重ねるうち、先にレシピを読んでもプロセスや仕上がりのイメージが具体的に頭に浮かぶようになってきます。はい、これでひとつ自炊力アップ。いきなりレシピを読んで、内容がスッと入ってくるようになると、これはうれしいものです。

自炊というのは、言うまでもなく自分のために料理することです。なので、基本いくら進歩しても誰かに褒めてはもらえません。褒めるのは、自分。家族やパートナーのために料理している人もいるでしょう。しかしやっぱり、自炊力の向上ってなかなか分かってもらえないもの。うまいこと自分を褒めつつ、アゲつつ、自分の進歩を喜び、うれしさを確認していってほしいと願います。そしてあなたがもし誰かに料理を作ってもらっている場合は、きちんと定期的に感謝なりを言葉にして述べてあげてください。

さて、お気に入りの料理家さんができた場合は、その方の著書があるかどうか検索してみるのもいいですね。

私もこんなこと偉そうに書いておりますが、テレビには録画してまだ見ていない料理番組がたくさんあります。録画消化しつつ、今夜のおかずに作ってみたいものでも探すとしましょうかね。

第4章——「買って」「作って」「使い切る」ために

自炊を回していくために心得ておきたいこと

「買い物をする」ことの難しさを知る

料理の前段階として必要になるのは、いうまでもなく買い物です。何を作るにせよ、食材を買わなくては始まりません。

しかしこの「買い物をする」という段階でつまずいてしまう人、結構多いものなんです。このことは、案外と見過ごされていると思うんですよ。食材の買い物がつらい、もっといえば「精神的負担である」という声、私は少なからず聞いてきました。

料理を日常的にする人からしたら想像がつかないかもしれません。「ただ単に面倒くさがり?」と思う人もいるかもですね。社会的に見ても「買い物をする」というのはさほど難しいことと捉えられてはいないでしょう。たしかに「何かを買ってくる」という行為それ自体は、そのものがよほどレアなものでないかぎり、さほど難しいことではありません。

しかしその容易性は、誰かが「鶏もも肉１００グラムとホウレン草とトマトを、角のスーパーで買ってきて」というように、内容から場所までを指定された場合にかぎられます。

「買い物」をストレスに感じる必要はない

食事の用意をするということは、「どんな料理を作るか」を決めて、「食材・調味料などは何が必要か」を考え、そして「足りないものを買いに行く」というプロセスが必要になります。さらにいえばそれらは「どこで買いそろえられるか」という知識も必要です。

料理慣れしている人、料理が好きな人の場合は、最初のステップ（「どんな料理を作るか」を決める）を省けます。買い物に行った先にあった安いもの、状態のよいものと、家にすでにあるものを組み合わせて何を作るか考え、その場で献立を決めることができます。さらには明日、明後日の献立まで考える人もいるでしょう。

さらにいえば、そのとき安くて状態のいいものがあったら、日持ちのするものか、または冷凍できるかなどを考え、先に備えてまとめ買いすることもできます。ベテランともなれば、肉や魚介などなかなか特売にならないものが安くなっていた際に、まとめ買いをして保存し、経済的に済ませることもできるようになります。その場合、冷蔵庫・冷凍庫の空き具合なども買い物するその場で考えているわけです。保存できるスペースがないのに買い込んでも仕方ないですからね。そしてもちろん、予算の問題は常に頭にあります。

駆け足で説明しましたが、「自炊における買い物する力」とは以上のような様々なことが組み合わさった力なのです（後述しますが、品質を見る力というのもあります）。

料理をしてこなかった人、料理に興味のない人、料理が苦手な人が、いきなりこれらのことをこなすのはかなり大変なことですよね。

ちょっと話は横に逸《そ》れますが、毎日誰かにごはんを作ってもらっている人は、「買い物をする」ということひとつにしても、こういういろいろな行為の組み合わさったことだと理解してほしいと思います。また日常生活の買い物は食材だけにとどまりません。ゴミ袋、洗剤類、洗濯洗剤、歯ブラシ、歯みがき粉、整髪料、シャンプー類、トイレットペーパーやティッシュペーパー……これらの生活必需品が毎週何かしら足りなくなります。家事というのは料理だけでなく、それらの買い出しと補充が日々連綿と続いていくもの。しかしこれ、実際に日常として自分の担当になってみないと、その大変さって分からないもの。こうやって文字にしてみたところで「たいしたことないじゃない」なんて思われがちなのです。

余計なお世話を承知でさらに書かせてもらえば、きっちり自炊してくれているパートナーがいる場合、「これ、うまそうだから買ってきた」と生ものを買ってきたり、どこかでもらってきたりするのは必ず連絡一本入れて相談してからにしてください。毎日のように自炊している家庭は今日、明日で消費する予定のもの、食べ切りたいと思っているものが必ずあるはずです。

そういうことを考えると、人様に生ものをプレゼントするというのは難しいことだと思いますね。盆暮れの贈答品として、高級な缶詰、油やかつおぶし、だし昆布、干しシイタケなどが重宝されてきた理由、私は自炊するようになって分かりました。保存がきいて用途も広いし、すぐに使い切りを考えずともよいからなのですね。

閑話休題、買い物の話です。

さらにいえば、スーパーマーケットなどで「何がどこにあるか」というのも、なかなか分かりにくいもの。日頃料理をしてスーパーに通っている人でも、買い慣れないものを探すときは一苦労するものなのです。

ですから自炊を始めようと思った人が、まず買い物からして「ああ、面倒だった……！」と感じるのはごくごく「普通」のこと。当たり前です。面倒に感じたとしても自信をなくさないでください。そしていま自炊生活にあるあなたが買い物を負担に感じていても、自分を責めないでほしい。同様の人はいっぱいいます。まず買い物からストレスになって、「やっぱり自炊なんて嫌だ」と思ってしまったら元も子もありません。

「何を買えばいいのか分からない」も当たり前

友人のケースを紹介しましょう。

彼女（仮にK子とします）は共働きで、家事は分担制。食事の用意はK子の担当です。K子は42歳で料理上手、あるもので何かしら作れるレベルです。そして同い年の夫は食べることは大好きですが、料理をまったくしないままこれまで生きてきました。

ある日、めずらしくK子は帰るのが遅くなり、夫は早く帰宅することになりました。

「帰ったら夕飯作るから、買い物だけしておいてくれない？　野菜でも肉でも、食べたいもの買っていいから」

とメールで伝えましたが、夫はとても困ってしまいました。そして、

「何を買っていいか分からない。遅くなっていいから、買ってきて」

と返信。彼女も疲れているのです。せめて買い物だけしておいてくれれば、帰宅してすぐ作れるのに……と少々苛立《いらだ》ちましたが、結局買い物をして帰宅。

「何を買っていいか分からないなんて、なんでもいいじゃない、自分の好きなもの買えば。豆腐でも肉でも野菜でも買っておけば、鍋とかすぐできるんだから」

そう伝えてみても、夫からは「ごめん」と謝られるばかり。

次の休みの日、K子は夫と一緒にスーパーへ行きました。これからのことも考えて、買い物に慣れてもらおうと思ったのです。

「きょう、何食べたい？」

「焼き肉か、鍋かな」

「じゃあどっちでもいいから、あなたが食べたいもの好きにカゴに入れてきてよ」

それで足りないもの、多すぎたものなどは自分が仕分けして、また一緒に買い物すればだんだんと分かってくれるはず……とK子は考えたのでした。

しかし、店内を何周かしたあと、結局夫はベーコンとソーセージとビールをカゴに入れて戻ってきました。

「え？　鍋は？　焼き肉は？」

「どっちも、何を買えばいいかよく分からない。これなら焼いたら食べられるでしょ。あとビールあればいいし……」

彼はとても疲れた顔でそう語ったとのこと。

しかし、先の提案には焼き肉もありました。焼き肉も「焼いたら食べられる」料理なのに、なぜ夫は肉をカゴに入れなかったのでしょうか。

「肉売り場にはいろんな種類の肉があるでしょう。いつも食べているのが、どの肉か分からなかったそう。値段もずいぶん違うし、値段が違うからには味もかなり違うだろうから、ヘタに選べないって。ベーコンやソーセージはさして値段の差がなかったのも選びやすかったみたい」

鍋に関しては、より切実でした。

「豆腐ひとつでも種類がいろいろある。しらたきにしても。白菜は1個丸ごと買えばいいのか、半分サイズのものを買えばいいのか分からない。魚介は活きがいいとか悪いとかがあると思うけれど、全部同じに見える。選べない」

とにかく鍋ひとつの材料買うにしても、選ぶ行為が多すぎて疲れる……というのが夫の意見。最後にこう、漏らしたそうです。

「店内がすべて1品目1種類だったら、迷わなくていいから買いやすいのに」

私も家電のことはさっぱり分からない！

読者のみなさんは、

「迷ったらネットで調べればいいじゃないか」

「とにかく安いのにすれば」

「自分たちの懐具合で買えるものにすればいいだろう」

「K子さんや店員さんに聞けばいいのに」

「まずは買ってみて、それから徐々に理解していけばいいこと」

といった感想を抱く人も多いでしょうね。

「食べたいものすら買えないなんて、情けない」

とまで思われる方もいるかもしれません。

でも、ここで発想の転換をしてほしいのです。

ちょっとまた、私の話をさせてください。

私は機械関係のことを考えるのがものすごく苦手です。いや、機械といってもたいしたことじゃなく、もう家電レベルでのお話なんですよこれが。

家電を買い替える際、量販店などを半日かけてじっくり回って比較し、どれを買うべきかしっかり精査するのが好きな人、わりにいますよね。そういった行為は、私にとってもう苦行以外の何物でもありません。それこそ拷問に近い感覚です（拷問を受けたことはありませんが）。

テレビやら掃除機やら冷蔵庫やらの家電を選んで買わなくてはならない……と想像しただけで、暗雲が心の中にもくもくと立ち込めます。いや、冗談じゃないんです。

パソコンが壊れたから買い替える。これは多くの方が体験されたことがあるでしょう。

そんなとき私は、「経済的に痛いなあ……」という思いに加えて、なんともどんよりとした気分に毎回支配されます。何よりも「まったくもってよく分からないものを選ばなければならない」という現実が迫ってくる、このことが苦痛以外の何物でもないのです。

まず、「メモリが○ギガバイト」とかいう言葉からしてよく分かりません。8万円のパソコンと11万円のパソコンの違いはなんなのか、店員さんに説明してもらってもさっぱり理解できない。丁寧に説明してくれればくれるほど、耳の中によく分からない単語が押し込められてきて、脳内には「?」があふれ、心の孤独感は広がるばかり。相手は日本語をしゃべっているのに、ラップランドかイルクーツクで迷子になって保護されたかのような気になります。

「きっとこのぐらいのことは世間のかなり多くの人が理解して、きちんと違いを承知した上で買っているのだよな」という事実が私を圧迫するのです。

でも、だからといって学ぶ気にもなれない。イヤだから。

ちょっと前までは「ネットができてメールができればそれでいいです」的なことを店員さんに伝えていましたが、友人から「それができないパソコンってあるのだろうか」と言われ、自分がどれだけ愚かなことを言っていたのか、ようやく気づきました。ただこの言い方をすると、量販店の店員さんに「そういうレベルの客」だということがしっかり伝わるようで、一番やさしいモードで話してくれるのをひしひしと感じることができます。

家電量販店は私にとって、自分の劣等をまざまざと感じる場所なのです。

そんな私なのに、「買い物が苦手だ」と語る人たちのことを最初は理解できませんでした。

「食べたいものを決めて、材料を調べて、買うだけのことがなぜつらいのか？」

「誰でもやっていることじゃないか」

なんて思ってしまったんですね。しかしあるとき、これらのことを「自分におけるパソコン選び」と置き換えて考えてみたんです。

「悪かった……！」

心からそう思いました。

「買いたいパソコンを予算と相談して考えて、分からないことは調べればいい。それだけのことがなぜそんなに苦手なのか？」

もし誰かにそう言われたら、私はグウの音も出ません。グウの音も出ませんが、イヤなものはイヤなのです。理屈より先に「できない」「できることならばなるべくやりたくない」という感情が湧き起こります。

買い物がイヤだ、豆腐や肉の種類がよく分からない、考えるとなんだかつらい……というのも、同根の忌避感だと思われます。

苦手なことは誰しもある。そして「食材を自分で選んで買う」ということは、世間から「さほど難しくない」「みんなやっていること」だと思われています。

そう、買い物はとても日常的なこと。子どもからご老人まで、それこそ全世界で誰もがやっていることです。

「そんなことが、私はできない。したくない」＝「自分はダメな人間だ」と劣等感を覚えている人は、相当数いるのではないでしょうか。

まずそれは決して恥ずべきことじゃない、と私は言いたい。

33ページで述べたことと重なりますが、「食事の買い物をするのが苦手」は「美術の授業が苦手」「数学が苦手」などと同じことなんです。興味がないのに美術館に行っても退屈だったり苦痛だったりするのと同様に、興味がないのにスーパーに行っても、居心地が悪いですよね。

この種の苦痛感が「自炊は面倒なもの」と思わせる原因となっていること、多いと思っています。周囲は「なんでそんな簡単なことができないのか」「やる気がないだけでしょ」と どうか白眼視しないでほしい。

買い物が苦手という思いを持つ人は、決して少なくありません。買い物は決して簡単なことじゃない。徐々に慣れていきましょう。

買い物しやすいレシピ、しにくいレシピがあることを知る

ある料理雑誌から例にとってみましょう。全国的に知られている料理番組のテキストから、一部を抜粋してみます。

レシピA
キャベツ　2枚（120グラム）
豚バラ肉（薄切り）150グラム
ネギ　15センチ

絹さや　6枚
酒　大さじ2
醤油　大さじ1
味噌　大さじ1

まず1番目「キャベツ　2枚」で、普段料理しない人は戸惑うでしょうね。多分日本国のどこにもキャベツを1枚単位で売ってくれる店はありません。「ネギ　15センチ」「絹さや6枚」というのも同様です。精肉店および精肉コーナーがある店舗ならば、豚バラ肉を150グラムで買うのは可能ですが、パック売りだけの店舗だとこれもままならない。慣れていないと、精肉パックのどこにグラム数が書いてあるかも見つけにくいものです。


日常的に料理をしないみなさんに取材をすると、

「食材の使い切りがなかなかできないので、不経済になる」

「次にいつ料理できるか分からないので、食材が余るのが困る」

という声が非常に多く聞かれます。


作ってみたいレシピはあれど、そのレシピどおりの食材を、そのままの量でそろえるのは相当難易度が高い（というかほぼムリ）。つまり、食材を必要以上に買い込むことになるんですね。翌日、翌々日に料理できるかどうか分からない。帰宅が遅くなるかもしれない。早く帰宅できたとて、作る気力があるかどうか。そのまま時間が経過して、結局は腐らせてしまう……という展開は多くの人が経験し、小さなトラウマとなって「自炊嫌い」を生み出しています。

とどのつまり「やっぱり自炊なんて無理」となってしまう人も少なくない。せっかくやる気が出たのに、実にもったいない負のスパイラル。

別の雑誌を見てみましょう。今度は少々専門的な料理雑誌から抜粋します。

レシピB
ジャガイモ　２個（２４０グラム）
玉ネギ　１／４個（50グラム）
ピーマン　１個（30グラム）
ゴマ油　小さじ１

酒　小さじ2
醤油　小さじ1

先のレシピも「キャベツ　2枚（120グラム）」と表記がありましたが、こちらは野菜すべてにグラム表記がありますね。グラム数を表示することで、よりレシピの正確性を高めるのが狙いです。

ざっくりと「2個」とも表記していますが、「240グラム」とグラム数も表記されているこのレシピ。作り手であるこちら側としては、

「ジャガイモ2個で調理してもいいし、レシピ提供者の味わいをより正確に再現してみたい、と思われる場合は計量して調理してください」と読解するのが正しい読み方。

なので、グラム数でしっかり再現したい場合はキッチンスケール（上のイラストのような計量用のはかり）が必要になります。多くのレシピでグラム表示が用いられているので、これから自炊経験を積んでいこうと思った場合、スケールは購入されても損はないと思います。規模の大きいスーパーならばキッチン用品売り場に置かれていることも多く、家電量販店でも多く取り扱われていますよ。ちなみに私はタニタの１３００円ぐらいのスケールをずっと使っています。

さて、先のレシピのように書かれてあるからといって「なるほど、ピーマン１個はだいたい30グラムなのか」「玉ネギ１個は平均２００グラムなのか」とは思わないでくださいね。日本の青果はかなり規格化が進んでいますが、やっぱりケースバイケース。食材の重さを目算して買い物するのは、相当に慣れてからにしましょう。

ともかくも今回のレシピの場合、ピーマンやジャガイモは店によっては１個買いができるでしょうが、玉ネギは困りましたね。やはり材料を多めに買うしかなさそうです。

さらにもう一冊、ほかの料理本からレシピを例に挙げてみます。今度はかなり老舗の生活総合誌から抜粋しましょう。

レシピC

トマト（完熟）　5個
玉ネギ　小1個
ナス　大1本
ピーマン　1個
ニンニク　1かけ
オリーブオイル　大さじ1
砂糖、塩　適量

個数的には、かなり買いやすい内容ですね。ここで見てほしいのは「玉ネギ　小1個」「ナス　大1本」という書き方です。

この雑誌の読者層は、「すでに家事一般をかなりしてきた人たち」です。こういう場合、あまりくどくど表記しなくとも、ざっくりと感覚で伝わるというコンセンサスが成立しています。つまり、世の中に流通している玉ネギやナスの標準の大きさはこう、というのが共通認識で読者と発信者の間にあるわけですね。その平均的な大きさのものから比べて「大」「小」を選んでください、というアバウトな表記で通じているわけです。

さらには「トマト（完熟）」という表記。これも料理ビギナーには判断しにくいポイントでしょう。売られているトマトはたしかに赤みにばらつきがあるもの。その中からより赤いものを選んで買えばいいのですが、「完熟の赤」がどの程度赤いかは、最初は判断しにくいですよね。

と、レシピ3つを例に挙げてみましたが、ここでは「いざ気に入った料理があっても、買い物しやすいレシピと、そうでないレシピがある」ということを知ってほしかったのです。

実際に買い物に行って「これ、どうしたらいいいんだろう……？」と分からなくなることは結構あるもの。とはいえ食材の余剰を恐れていては結局、何も作り出せないままです。

食材を問わず作りやすいメニュー

料理は場数、やることで経験値を上げなければならないのに、食材の余りは困る……。ならばどうするか？

「冷蔵庫の整理に便利な料理」を覚えてみませんか。自炊力を上げるには、

作ってみたい料理にチャレンジする（自分の希望を具現化）→余った材料を使い切る（現実問題の処理）

これを繰り返していかなくてはなりません。

そこで、食材を問わず作りやすい「懐の深い」料理を2つほど紹介しますね。

味噌汁はとても自由なもの

みなさんはどんな味噌汁が好きですか？

あるいは、味噌汁と聞いて真っ先に浮かぶ具はなんでしょうか。ワカメと豆腐、大根と油揚げ、シジミ汁にアサリ汁……定番の組み合わせがいろいろありますね。みなさんの家の定番の具もあるでしょうし、それぞれにお気に入りがあることと思います。

しかし味噌汁って、実はとても自由なもの。多くの食材が味噌汁の具になりうる、便利な料理なんです。しかし、このことは案外知られていません。

「味噌汁はワカメとネギで作るもの」

「ナメコと豆腐で作るもの」

といった刷り込みの強い人は結構いるのですよ。ツイッターで我が家の味噌汁を発信すると「こんな具材を入れてもいいのですね！」という反応、少なからずあるんです。定番の料理になればなるほど、家の味、親のスタイルをそのまま踏襲してしまうこと、ありますね。そしてそれ以外はなかなか受け入れがたくなる。

「うちではこういう具は味噌汁に入れなかったから、どうにも抵抗があって」と、素直な感想を聞かせてくれた人もありました。ちょっと我が家の味噌汁から数例を挙げてみます。

①キャベツ×油揚げ×玉ネギ×ブロッコリーの味噌汁（口絵参照）

① キャベツ×油揚げ×玉ネギ

キャベツに油揚げ、ちょっと玉ネギ。キャベツも玉ネギも甘みの強い野菜なので、実にやさしい味わいの味噌汁になりました。野菜だけだとどうしてもあっさりしがちなのですが、そういうときに油揚げはほどよいコクを足してくれます。油揚げ、私は細切りにして冷凍で常備しています。2カ月ぐらいはゆうに使えて、便利ですよ。

ちょっと味を変えたくて翌日は冷凍のブロッコリーを足して

③イワシ水煮缶×キャベツ×ニンジン×エリンギ×ブナシメジの味噌汁（口絵参照）

②サバ水煮缶×ウドの味噌汁（口絵参照）

みました。これがヒット、ブロッコリーは濃いだしが出る野菜なんです。冷凍でも充分うま味が出ますよ。少々叩いて入れるのがコツ。ここに卵ひとつ落とすとさらに満足感がアップします。

②　サバ水煮缶×ウド

これはサバ水煮缶とウドの味噌汁。この組み合わせは長野県の北部地方の方が教えてくれたんですが、実においしい。そしてサバ水煮缶、味噌汁にすごくいいんですよ。コクが出て、とてもいいだしが出ます。つまりサバ缶入れて何か野菜なりを加えて煮て、味噌を溶けばもう完成。手軽なのもうれしく、我が家の定番です。白菜や小松菜、ネギ、キノコ類や豆腐などと組み合わせるのがおすすめ。ほかに何もいらない抜群の〝おかずスープ〟になりますよ。

③ イワシ水煮缶×キャベツ×ニンジン×エリンギ×ブナシメジ

そしてイワシの水煮缶、これがまた味噌汁に最高なんです。キャベツとの相性は抜群なんですよ。このとき余ってたニンジンやエリンギ、ブナシメジなども入れてますが、まさに「ごちそう汁」でほかにおかずがいらないぐらいでした。ほかにはサケの水煮缶も味噌汁にとても合います。たんぱく質と野菜が一緒にとれて、ひとつで主菜・副菜がとれるという意味でもすぐれもの。ここに豆腐や厚揚げを入れればさらにたんぱく質アップです。

何か食材が余ったら、まず味噌汁に入れれば大体は片づきます。肉や魚など、動物性のものが入れば基本だしを用意する必要もありません。具だくさんになればなるほど、ほかにおかずがなくとも満足度も上がります。最初は抵抗感があるかもしれませんが、野菜なり肉なり、ごった煮感覚での味噌汁作り、ぜひトライしてみてください。多く作ってしまったら、冷蔵庫で2～3日は保存ができますよ。これにコンビニおにぎり1個、という組み合わせでもなかなかの満足度になると思います。

唐揚げもコロッケもトマトだって味噌汁に合う

2016年に料理研究家・土井善晴さんが発表された『一汁一菜《いちじゅういっさい》でよいという提案』（グラフィック社）という本は、「お料理を作るのが大変と感じている人」に向けて書かれた本で、ベストセラーとなりました。生活のリズムを組み立てる上で一汁一菜（ごはんと味噌汁、漬物）という食のシステムをもっと活用しよう、という提言が忙しい現代日本人の心に強く響いたのです。

また実際、この本の中で紹介される味噌汁の数々がとても自由で、なんとも魅力的でした。ベーコンやハム入りの味噌汁もあれば、ピーマン入りの味噌汁もある。「こんなのを入れてもいいんだよ」と、背中を押されたような気持ちになった人は多かったはずです。

「前日の残りの鶏の唐揚げを野菜と煮込んで味噌汁にしてもいいのです」

という一文は私もびっくりしましたが、やってみたら……これがおいしい。

そうそう、私はコロッケをお味噌汁に入れることがあります。せん切りキャベツとコロッケの味噌汁、おいしいんですよ。また全国各地に目を向けると、実に様々な味噌汁の具があります。富山県の一部ではキュウリを味噌汁の具にすることはポピュラー。鹿児島県の方からは「さつま揚げとサツマイモを一緒に味噌汁の具にしますよ」とも教えてもらったことがあります。味噌汁は本当に自由で、懐の深いものです。

余りもので試し試し作るうち、自分の好みにピッタリ合った味噌汁の具を発見するかもしれません。ぜひともいろいろ、挑戦してみてください。

たとえば先に挙げたレシピＡの中の食材で、次の食材がそれぞれ余ったとしましょう。

キャベツ　２枚（１２０グラム）
豚バラ肉（薄切り）**１５０グラム**
ネギ　15センチ
絹さや　６枚

このままですべてを味噌汁の具にしても実においしい組み合わせになります。豚バラ肉からだしが出るので、それぞれを食べやすく切ってそのまま鍋に入れ、全体に水がかぶるぐらい入れて、中火で煮て沸騰させ、豚バラ肉のピンク色の部分がなくなればＯＫです。アクが出てきたら、おたまですくいましょう。味噌を溶けばできあがり。一度味見をお忘れなく。濃かったら水を足してさらに沸かし、薄かったらもう少し味噌を溶きましょう。

この場合の注意点としては、キャベツの切り方。キャベツには薄いところと厚い芯のところがありますね。どちらも同時に煮上がるよう、厚い芯のところも薄く切っておくことがポイントです。

レシピBの食材ですと、

ジャガイモ　２個（２４０グラム）
玉ネギ　１／４個（50グラム）
ピーマン　１個（30グラム）

これもそのまま味噌汁になりますね。玉ネギ、ピーマンは火のとおりが早いので、ジャガイモを先に煮ておきましょうか。

レシピCはここにトマトが加わりますが、トマトと味噌の相性もすごくいいものですよ。

トマトからもうま味が出ます。トマトにジャガイモ、玉ネギ、ここに豚肉や鶏肉、あるいは鮭水煮缶などを入れて味噌汁仕立てにすれば、実にいいごちそう汁になります。

だしパックや顆粒だしから始めよう

「味噌汁はだしが面倒」という声も聞かれます。よく「だしの基本」としてかつおぶしや昆布を使った方法が紹介されますね。もちろんこれらの素材を使っただしはとてもおいしいもの。ただ手間はかかりますし、質の良いものは値段もそれなりにします。

まずはじめは、だしパックや顆粒だしなど、みなさんにとって負担にならないものを選んでください。さらにはだし入りの味噌もたくさんありますし、最近ですと溶きやすい液状の味噌もあり、こちらもだし入りのものが売られています。

自炊力を高めていく上では、まず各々で楽で簡単なものを活用してください。そののちに、もし興味が湧いたら、古来よりのだしのひき方を体験してみてほしいと思います。

味噌汁はおいしく保存することもできる

最後に味噌汁の保存について。

味噌汁はだしで具材を煮て、味噌を溶き入れれば完成ですが、この味噌を溶き入れる前の段階で保存しておき、食べる直前に味噌を溶いたほうが格段においしく仕上がります。味噌の香りは飛びやすいので、再加熱しないほうがいいのです。

多めに作るときは、まず一度すべてを煮て、そのとき食べる分だけ別鍋に入れて味噌を溶きましょう。残りはタッパーなどに入れて、冷めたところで冷蔵庫に入れてください。熱いまま冷蔵庫に入れると庫内の温度が上がってしまい、ほかのものが傷みやすくなります。もちろん、「それは手間だなあ、味はどうあれ楽なほうがいい」という場合はすべて味噌汁にしても構いません。そこはあなたのチョイス、無理なく自分にとって楽が自炊は一番。

蛇足ですが、味噌を入れる前の汁は酒少々に醤油でひと煮して、おすまし的に食べてもおいしいですよ。

スープはこんなに簡単だ

スープ作りというと「難易度高そう」と思われる人は多いようですね。もちろんイチからコンソメスープやポタージュを作るのは、料理し始めでは難易度が高いもの。ここではもっと簡単にできる方法を紹介します。

方法というのもなんですが、余った野菜があったら、それぞれを食べやすい大きさに切り、水を入れてコンソメキューブを入れて煮るだけで、手軽な野菜スープに仕上がります。マカロニなどのショートパスタを入れて一緒に煮込めば、それだけで一食にもなります。最近では早ゆでのショートパスタも発売されており、２〜３分でゆで上がるものもあります。野菜と一緒に煮るだけで完成しますよ。

左の写真はある日の我が家の野菜スープ。鍋で使った白菜の余りとニンジン、キノコ（ブナシメジとエリンギ）、玉ネギ少々をクノールのチキンコンソメで５〜６分ほどやさしくふつふつと煮ました。ぐらぐら煮ると水分が少なくなってしまうので注意してください。クノールのチキンコンソメは、キューブひとつで水３００ミリリットルを入れる指定です。こういう指示書きをしっかり守るのがおいしく作るコツ。ですが、薄味が好きな人はまずキューブを半分に切って試してみるのもひとつの手。味つけは最初に濃くしてしまうと修正が大変です。薄い分には濃くするのは簡単なので、こんなやり方も頭のすみに入れておいてください。ニンジンは煮えにくいので薄めに切ると早く煮上がります。

野菜コンソメスープ（口絵参照）

そのほかは煮えやすい食材です。こういうのは次第に覚えていくしかないので、気長にいきましょう。

コンソメと白菜はとても相性がいいので、白菜が余ったらぜひ試してみてほしいです。キャベツはもちろんのこと、チンゲン菜やホウレン草もおいしいですよ。豆腐だって合いますし、ゴボウにベーコンと玉ネギなんて組み合わせでもおいしいスープになります。満足度を上げたければ卵を入れるのが手っ取り早いですね。水ではなく豆乳や牛乳で煮てもおいしいスープになります。うま味を足したければプチトマトを数個入れるとグンと味わいが深くなります。余りものの組み合わせそれぞれでどんな味わいになるか、楽しみつつトライしてほしいです。

市販のインスタントを余りもの消化に

コンソメキューブがなければ、市販のインスタントスープの素がいろいろと売っていますね。もしくはできあいのレトルトスープ。あれらを鍋に入れて、刻んだ余り野菜を入れて一緒に煮れば、それだけでかなりおいしいスープができあがります。市販のスープの素などに余り食材を足すのは、失敗のリスクもかなり低いのでどんどん試してみてください。

ただ、この方法だと味が薄くなりがちなもの。そのときに役に立つのが塩コショウです。まずはコショウを少々ふってみてください。味見して、「これで充分」と思えればそのまま食べましょう。「いや物足りない」と思えば、塩を少々ふってください。この「少々」というのが分かりにくいでしょうが、小さじ5分の1ぐらいの感覚です。そして味見について。よくいわれることですが、味見はしすぎると味が分からなくなります。味見は3回までと決めておくといいでしょう。

よくレシピで、「最後に塩コショウして味をととのえる」という表現が出てきますが、ここでやったことはまさにそれです。

「好みの加減に味わいを微調整する」ということは、調理においてとても大きなスキルです。味噌汁にしても、どの程度味噌を入れたら好みの濃さになるのか、ぜひ探ってみてください。薄ければ味噌ではなく、醤油をちょっと入れてもOKです。香りが華やかになって塩味もつきます。まろやかさを加えたいときは酒を少々、甘みを足したければみりんを少々。味噌汁が濃かったらお水を少々足してまた加熱すればOKです。また「少々」で分かりにくいでしょうが、この感覚をつかむのが自炊力の一歩。ここは手さぐりで頑張るしかありません。味噌汁の味がなんだかボンヤリしていると思ったら、コショウをひくのもひとつの手ですよ。

特に肉系を入れたときなど、とても相性がいいものです。山椒の粉なども同様の働きをしてくれます。味噌汁に少しうま味を足したいときなど、意外かもですがケチャップをちょっと入れて混ぜるとグンとうま味が増します。

先のコンソメスープやインスタントのスープ、そして味噌汁での余り食材消化、味の微調整スキルをぜひぜひ磨いてください。

より良い食材を選ぶ力

よく「鮮度の良い○○の見極め方」といった特集、テレビなどで組まれますね。ちょっと思いつくまま、この手のポイントを書き出してみます。

・ナスやピーマンは表面がつややかでみずみずしいものを
・カボチャは表面のデコボコがくっきりしているものを
・キュウリは太さが均一のものを
・レンコンは身がふっくらして、節がキュッと締まったものを
・長ネギは緑の部分と白の部分の境目がはっきりしているものを

・大根はひげ根の跡がまっすぐに並んでいるものを
・ブロッコリーは淡い緑色で、つぼみが硬く締まっているものを
・菜花は茎が太くてしっかりしたものを。茎の切り口のみずみずしさもチェック
・魚類は目の澄んだものを

このようなチェックポイントは食材それぞれにたしかにあるもの。できる範囲で応用していただければと思いますが、食材の買い物に慣れていないうちは、はっきりいって「違いが分からない」ことは多々あります。いいえ、最初はほとんど分からないことが普通じゃないでしょうか。

野菜でも魚でも大体が「みずみずしく、色つやのいいもの」を買うのが基本ですが、色つやの良さ、みずみずしさを理解するには実際に食材に触れて、切って断面を見るなり、舌で味わうなりして、知覚経験を積んでいくしかありません。つまりは、買って、調理して、食べての繰り返し。

最初はすべてが同じに見えて当たり前です。気負わず、できなくて当然ぐらいの気持ちで始めてほしいですね。最初から熱心で勤勉な人ほど、折れやすく、次第に億劫《おっくう》になりやすいように感じています。自炊を勉強や修業感覚でやると、とてもこう……つらくなりがちです。「料理、うまくなりたい！」と一念発起しては折れていった人をたくさん見てきました。なにしろ日々のことですから、くれぐれも気負いすぎず、のんびりやってほしいと願います。

自炊力が上がってくると、鮮度の良いものを選ぶというよりも次第に「鮮度の良いものが目に飛び込んでくる」ようになります。野菜売り場で、鮮魚売り場で、みずみずしくピンと張りのいい食材が、「今日私を買わないでどうする！」とでも言っているかのように。自分の中で値段の折り合いがつけば、これは「買い」ですね。

またよく言われることですが、「旬」もチェックポイントのひとつになります。

春キャベツに春ニンジン、新ジャガ、夏になってくるとトウモロコシ、ナスにトマト、秋は新米、冬の根菜類などなど、旬のものは総じて安くて鮮度がいい……という考え方。実際そうであることは多いのですが、店舗によっては管理が悪く、鮮度や状態が悪くなっていることも多々あります。また鮮度の少々落ちた安価なものを狙って仕入れているケースもありますので、「旬＝安くて質がいい」と思い込みすぎないことも大切。結局は自分の選択眼を磨くほかありません。

あと、ひとつ注意点を。たまに買い物中、実際に食材を手でさわったり揉《も》んだり、指で押したりして張りを確かめている人を見かけます。あれは最大のNG。もってのほかです。食材を傷めることになるので、厳禁ですよ。売り場の人が「さわってもいい」とでも言わないかぎり、やらないでくださいね。

最低限必要な料理道具リスト

「料理を始めるにあたり、本格的な包丁セットを買った」

「自炊を始めようと思って、有名な料理研究家プロデュースの調理道具セットを買った」

こういう人、わりにいるものです。実際私の友人にも、30代後半までずっと料理をしてこなかったのに、いきなりル・クルーゼの数万円する鍋を買った人がいました。

「高い道具を買ったらもったいなくてさすがにやるかなあ……と思って」

という理由でしたが、残念ながらいまだに使われていません。

「いつか使うし。それにこれ、インテリアにもいいね！」

といって悠然と友人は笑っていますけれども。

料理を学ぶための環境を整えてからトライするという考え、それはそれで立派だと思いますが、私はあまりおすすめできません。

古い話ですが１９７０年代に、「お子さんの英才教育のため、百科事典をセットでいかがですか？」なんてセールスが流行りましたが、結局のところ読まれも開かれもせず、処分に困った経験をお持ちの方はかなり多かったと聞きます。自分の中にニーズが生まれないかぎり、モノは何も効果を発揮しません。もちろん、すぐれた道具はたしかに調理の大きな助けになってくれるのですけどね。

しかし高価な調理道具を買うのは、しっかりと自炊習慣がついてからでも充分。というより、自分がよく作る料理が見定まってから、それらの料理を作りやすくしてくれる道具を考えて買ったほうがいいと私は思います。パスタをよく作る人はパスタをゆでやすい大きな鍋類があってもいいでしょうし、サラダをよく作る人ならばしっかり野菜の水切りができるスピナー（水切り器）を購入するのもいいし。

では最低限だと何が必要か？　このぐらいの料理道具はあったほうがいい、と私が思うものを書き出してみます（１４４ページ参照）。台所のスペースにもよるでしょうが、しっかり自炊をしていく場合、そして目分量ではなくレシピを利用して料理していく場合は、あったほうがいいものです。

あ、それとごはんを冷凍保存したい方は、底が凸型になっていて、蒸気弁がフタについているタイプの保存容器がおすすめです。レンチンでムラなくあたためられ、おいしくいただけますよ。私は「クレハ」のキチントさんシリーズのものを愛用しています。以前はラップで包んでいましたが、手間もかからずパッと詰められるのもうれしいところ。

包丁と鍋は、それなりの値段のものを買ったほうが長持ちし、使いやすいので結果的に得だと思いますが、それ以外は百均などでそろえても最初は充分です。

ちなみに、私は百均でホワイトボードを買って冷蔵庫にマグネットで吊るし、「早く使い切るもの」「切らしているもの」を書き出すようにしています。料理している最中に「サラダオイル切れた」「洗剤なくなった」と思ったら、その場でホワイトボードにメモ。こうすると、買い物のときいちいち思い出してリストアップする必要もなく、便利です。

まずはスーパーの売り場を覚えるところから

さて、第4章もそろそろおしまい。スーパーマーケットの利用に関して、いくつか補足しておきます。スーパーによっても様々ですが「野菜・果物」「漬物・豆腐および大豆加工品（納豆など）・コンニャク・かまぼこなどの練りもの類」「魚介類（干物・加工品含む）」「肉類

自炊するならそろえたいものリスト

あると便利なものリスト

キッチンばさみ

肉や昆布などを切るときに活躍してくれます

ミニサイズの泡立て器

味噌や豆板醤、ハチミツなど粘度のある調味料を合わせるときに重宝します

ゴムべら

汁気のある料理やとろみのある料理をタッパーなどに移すとき便利です

おろし金

ニンニクやショウガをおろす、という作業は結構レシピで頻出します。しっかりしたおろし金があるとおろすのも洗うのも楽ですが、最初のうちはチューブのおろしニンニクやショウガを活用するのも手。私はセラミックのおろし器を使っています。底面にシリコンが貼られ、おろすときに安定してとても便利です

保存容器類

大中小それぞれひとつずつあると便利です。ひとり暮らしならば130mℓ、480mℓ、1100mℓ程度の容量が入るものがあればいいと思います。置けるスペースと相談しつつ、うまく選んでください。私はしっかりと閉められるスクリュータイプのものが気に入っています

（ソーセージやハムなど含む）」「冷凍食品」「お菓子・スナック・米菓類」「酒類」「飲料」「調味料」「レトルト類」「惣菜・弁当」というような固まりになって構成されていることが多いです。これらの中にどういうものが含まれるのか、通ううちにだんだんと分かるようになっていくはずです。

また、みなさんの好物やよく買うものから「だいたいの通常値段」を覚えていきましょう。それぞれの一般的な価格を知っておくことで、セールになったときの値引き率もなんとなく分かるようになります。「大特価！」なんてポップがついていても、さほど安くなっていないこともありますからね（笑）。最初はそれぞれの適正価格も分からないものです。もちろん、値段はさほどこだわらないという方は別ですよ。自分はどうにも貧乏性なのでこういう観点になってしまいがちなのですが。

そして食材の使い切りに関して。余った食材をとにかくどんどん刻んで鍋に入れて煮て、そこに味噌を入れるか、コンソメキューブを入れるか、というシンプル極まりない提案で、みなさんは正直肩透かしだったかもしれません。ただこのふたつは失敗の可能性も低く、かたやごはん、かたやパンがあれば一食としてもう成立してしまう良さがあります。なんならそのまま一緒にごはんやパンを入れて煮てしまっても構いません。味噌汁にごはんを入れて煮て、卵を落として雑炊にしてもいいし、コンソメならダイストマト缶を入れて煮詰め、リゾット風に楽しむのもいいでしょう（ホールトマト缶はトマトまるごとが入った水煮で、トマトを潰して煮込む必要がありますが、ダイストマト缶はそのまま使えて便利。ホールトマト売り場に一緒に売られています）。仕上げに粉チーズをふるとごちそう感も増しますよ。

薄いときはまずコショウをふって味見してください。物足りなければ塩少々。味の微調整ができるようになったら、自炊力もかなり高レベルです。おじやを作れるようになれば、胃腸が弱ったときにもありがたいもの。余ったらそのままジップロックなどに入れて冷凍して、好きなときにレンチンして食べることもできます。

その時々で食べたいものに挑戦しつつ、うまいこと食材消化。このリフレインにちょっとでも慣れてゆくことが、自炊生活を楽にするポイントです。そこにプラス、栄養を考えられる力をもっと養いたいところ。次章ではその点に迫ります。

第5章——楽しく食べつつ、何が足りないかも考えよう

健康だけを考えるのは味気ない人生だから

健康と食に関する情報があふれる世の中で

本書の冒頭でも書いたように、私が「自炊力をつけたい！」と思い至ったのは、ふたつの理由からでした。ひとつは外食よりも安くあげたい、といった経済的な理由。そしてもうひとつが外食よりも健康的にいいであろう、といった栄養面からの理由です。

しかしもちろん、ただ自炊をしていれば「健康的な食事」になり得るわけでもありません。

じゃあ、どうすればいいのか？

健康と食に関する情報は現在、世の中にあふれかえっています。

「○○に含まれるAという成分が疲労回復にいいといわれています」

「○○に含まれるBという成分には老化防止効果も！」

「○○には栄養・美容成分もたっぷり」

こんな説明文、レシピのページでもおなじみですね。個々の成分や栄養素の情報もいいのですが、「日々食べていく上で具体的にどうすればいいのか」を伝えているものは少ないように私は感じています。

「健康的に食べる」とは、一体どうすればいいのか？

本章ではこのことをテーマに、女子栄養大学出版部編集委員の監物南美《けんもつなみ》さんにうかがってみたいと思います。監物さんは、女子栄養大学が出版する月刊誌『栄養と料理』の編集長を6年間つとめられ、管理栄養士や栄養学の専門家が発信する最新の情報をどのようにしたら分かりやすく一般読者に伝えられるかについて腐心されてきました。『栄養と料理』は1935年創刊、「健康を育む食を提案する」をモットーに発刊され、プロの栄養士の愛読者も多い雑誌です。

「健康的に食べる」とは？

白央　「健康的に食べる」というのも非常に抽象的な表現ですが、日常において自炊をしていく上で、どのようにすれば「健康的」な食べ方になるのでしょうか。本書はこれから自炊力をつけていきたい、と願う人々を対象としています。分かりやすく、かつ実践しやすい方法を教えていただけませんか。

監物　それではまず、小学校で習った「三色食品群」（次ページ参照）を思い出していただきたいのです。

白央　ひとつずつ教えてください。赤の食品群は「血や肉をつくる」とありますね。これは

三色食品群

出所）香川明夫監修『七訂　食品成分表　2018　資料編』
（2018年、女子栄養大学出版部）を元に編集部が一部改変

どういうことでしょう。

監物　主にたんぱく質を摂るための食品群になります。たんぱく質は、心臓や肝臓などの内臓や筋肉、骨、皮膚、髪の毛、血液など体を構成するあらゆる部分の材料です。骨を構成する材料であるカルシウムやマグネシウムなどのミネラルも、赤の食品群で補えます。

内臓も筋肉も骨も皮膚も髪も、体のあらゆる部分はつねにつくり替えられています。だからこそ、人は老化への道を歩みつつ、ある程度若々しさを保てるわけです。たんぱく質が古いものから新しいものに入れ替わることで、生命活動が維持されているといってもいいでしょう。

白央　続いて黄色の「力や体温となる」というのは具体的にどういうことでしょうか。

監物　栄養素でいうと炭水化物と脂質になります。これらは体を動かしたり、体温を維持したりするなどのエネルギーの源になります。

糖質制限の危険性

白央　「糖質制限ブーム」、長いこと続いていますよね。「炭水化物はとにかく少なめに」という人もたまにいますが、どうご覧になっていますか。

監物　炭水化物や脂質の摂取量が多いと体脂肪になって蓄えられますが、不足すると体をつくるたんぱく質がこわされて、エネルギーとして使われます。これを防ぐためにも、炭水化物や脂質は過剰になることなく、かつ不足することなく摂取する必要があります。

もともと炭水化物を摂りすぎている人が減らすのは、糖尿病など生活習慣病予防においても効果的です。しかしそれでも、1日の総エネルギーのうち半分くらいは炭水化物から摂ったほうがよいとされています。

炭水化物に含まれる糖質は、ブドウ糖に分解されて利用されますが、脳や神経組織、赤血球などは通常はブドウ糖しかエネルギー源として利用できないんです。極端に糖質を制限すると、私たちの体は、体を構成する体たんぱく質や体脂肪を分解して、糖質をつくり出します。これは体に大きな負担がかかりますし、筋肉の減少に繋がります。さらには腎臓や動脈硬化性疾患への長期的な影響についても懸念があります。

白央　長期的な影響とは？

監物　たとえば、短期的には糖尿病の病状がよくなっているように見えたとしても、長期的に見ると糖尿病合併症が進みやすくなるなど悪影響を及ぼす可能性が示唆されています。ところで、**主食って、意外と食物繊維の給源になっているん**です。**ですから極端な低糖質ダイ**

穀類に含まれる食物繊維量

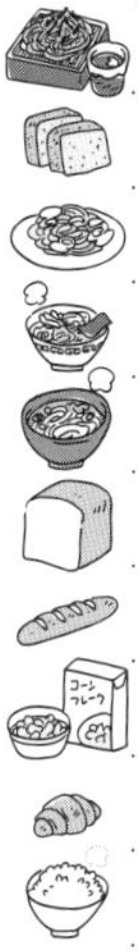

食品名（1食分）	食物繊維量
ざるそば（ゆで1玉180g）	3.6g
ライ麦パン（1切れ50g）	2.8g
マカロニ、スパゲティ（乾100g）	2.7g
ラーメン（ゆで1玉200g）	2.6g
かけうどん（ゆで1玉200g）	1.6g
食パン（6枚切り1枚60g）	1.4g
フランスパン（バケット6cm幅1切れ）	1.4g
コーンフレーク（40g）	1.0g
ロールパン（1個30g）	0.6g
ごはん（精白米、茶碗1杯150g）	0.5g

出所）「日本食品標準成分表2015年版（七訂）」（文部科学省）を元に編集部作成

エットを続けていると食物繊維も確保しにくくなる。繊維不足は腸内環境の悪化をはじめ、心疾患や動脈硬化など、多くの疾病に繫がることが明らかになっています。精白米はさほど繊維はないんですが、そばやパスタですとかなり繊維が摂れるんですよ。

白央　この食物繊維に関してはまた後述していただくとして、次は緑の「体の調子をよくする」という意味を具体的に教えてください。

監物　これは栄養素でいうと、主にビタミンとミネラルになります。

ビタミン類は体の中で、ほかの栄養素の働きを助けます。たとえば「糖質＝エネルギー源」とお話ししましたが、エネルギーに変わるときにはビタミンB_1が欠かせません。

ミネラル類は、体をつくる素にもなります。カルシウムは骨や歯をつくる素になって、不足すれば骨折しやすくなる。また、銅や亜鉛など生理作用に必要な酵素などの構成成分として必須なものもあります。前述しましたが、ミネラルは赤のグループからも摂れます。

白央　赤・黄・緑の食品群はどれも欠かせないものであり、自分の食事がどれか1色、2色に偏っていないか、まんべんなく摂れているかを考えられるようになれたらベスト、ということでしょうか。

監物　厳密にはひとりひとりがどのような食事をしているか記録をとって「何が足りているか、足りていないか、摂りすぎのものは何か」を調べて、それからどうするか考える……という話なんですね。

しかし実際問題、こういった記録を個人で行うのは難しい。なので、赤・黄・緑の食品群からそれぞれ一品ずつでも入れて一食を構成すれば、バランスのとれた食事を作りやすいということをまず知っていただきたいのです。

適切な量の「目安」

白央　「主食＋主菜＋副菜」の構成を心がける、ということは本書ですでに書いたのですが、三色食品群でいうと「黄（主食）＋赤（主菜）＋緑（副菜）」ということになりますね。実践する際に「それぞれの量はどのくらいだろう?」と疑問に思われる方も多いと思います。一食についての目安って、どうすればいいでしょう。これ、「計量する」といったやり方は日々の生活で現実的じゃないと思うんです。みなさん忙しいし、手間はなるべく省きたい。あくまで「目安」として、何か便利な方法はないでしょうか?

監物　量の話までいくならば女子栄養大学の四群点数法をご活用いただきたいのですが、あえて三色食品群で量を考えるなら、一汁二菜、あるいは可能なら一汁三菜をイメージするのもひとつの手です。

白央　というと?

監物　日本で生まれて暮らしていれば、ごはん茶碗、汁椀、メインのおかずのお皿、副菜の小鉢、それぞれの大きさというのはなんとなく分かると思うんですね。

白央　食堂や定食屋さんでもおなじみの構成ですね。

監物　一汁二菜、または一汁三菜、それぞれのうつわに一般的に盛られるぐらいが、栄養的にもちょうどよい量になっているわけです。ざっくりした表現ですが。

白央　なるほど！　ただ、最近は洗いものを少なくしたいということで、ワンプレートで食事をする家庭も増えています。その場合はどうすればいいでしょう。

監物　ワンプレートならば上の絵のように、一皿の半分を主食にして、残りの半分を「野菜2：肉または魚1」にすることをざっくりとした目安にするといいでしょう。しかしこの構成だとメインの肉または魚が少なくて、野菜が多めと感じる人が多いのです。そう思われる場合は1：1でもいいと思います。実践しやすい方法で取り組んでみて、長期的に調整していけばよいと思います。

問題は、「野菜不足」より「塩分過多」

白央　食事における適量は「学校給食の量をイメージするのもひとつの手」と、ある栄養士さんから聞いたことがあります。主食、主菜、副菜、それぞれの適量をイメージする上でたしかに便利ですね。

ただ実際問題、「一汁二菜の構成を毎日作るのは無理！」という声も大変多く聞かれます。土井善晴さんの『一汁一菜でよいという提案』が人気を呼んだのは、そういうニーズにこたえた部分がありますよね。「ごはん＋具だくさんのお味噌汁＋漬物など」というような構成はどう思われますか。またごはんにかぎらず、「パスタやうどん＋たっぷりの具」といったような構成の食事についてはいかがでしょう。

監物　まず気をつけてほしいのは塩分ですね。また、量については、ざっくり目安として、肉や魚（赤のグループ）は片手におさまるぐらいの量、野菜（緑のグループ）は生ならば両手におさまるぐらい、加熱した状態ならば片手におさまるぐらいの量を目安にとれるといいです。

パスタやうどんなどの一品ものは、緑（副菜）の食品が充分にとりにくいので、できれば野菜だけ1品別にプラスするとか、果物をつけるなどするといいでしょう。1品を別に料理するのが面倒なら、キュウリやトマトをかじるだけだっていいんです。あと、漬物は特に塩分が高くなりやすいので、その点でも注意してほしいですね。

塩分過多と繊維不足が日本人をダメにする

白央　栄養面に関して、現代の日本人に共通する問題点はあるのでしょうか。

監物　全体で見ると、**ひたすらに塩分です。多くの日本人が塩分過多**なんです。そして次に食物繊維の不足。摂取状況でいえば、**野菜不足ということより塩分の摂りすぎのほうが日本人においては大きな課題**であるという状況です。

白央　よく栄養士の先生が、減塩となると「残しましょう」って言いますね。ラーメンはスープを飲まないように、うどんのつゆは残しなさい、などなど。しかし、日本人にとって「残せ」というのは精神的にかなりつらいというか、罪悪感を伴うので難しいのではないかと毎度思うのですよ。

監物　そうですね。ですから調整できる部分でやっていくことから始めてほしいです。たとえばソースをほんのちょっとでいいから減らす。お刺身なら小皿に入れるお醤油をちょっと少なくする。コロッケにつけるソース、ホットドッグのケチャップやマスタード、納豆のタレ、粉チーズ、ドレッシング、なんでもいいから普段よりちょっと減らしてみる。外食中心の方はここからトライしていただきたいです。

あとは細かいところでいうと、スライスチーズはとろけるタイプのほうが塩分が少ない。からしやわさびは、チューブタイプは塩が加えられているけれど粉末タイプは塩分はほぼゼロ。

それから調理過程でいえば、味つけの前に水気をしっかり切ることも大事。食材が水っぽいと味がぼんやりしてしまい、結局塩を足すことになりがちです。ゆでるよりレンジ加熱や蒸すほうが水っぽくならず、減塩を考える上ではよいでしょう。野菜の切り方も、繊維を断つ切り方は水気が出やすく味が薄まりやすいので、繊維に沿って野菜を切るほうが味を控えやすいです。

こうしたささやかな積み重ねが、結果的に減塩に繋がります。

キウイは栄養面で優秀なフルーツ

白央　「フルーツを一食に組み入れ、その分野菜おかずを減らすことで、栄養を摂りつつ減塩もできる」というのはもっと広まってほしいですね。これ、フルーツならなんでもいいのでしょうか？　栄養バランスをよくする上で、おすすめのフルーツなどあれば教えてください。

監物　なんでもいいのですが、ビタミンC、葉酸、食物繊維、カリウムなどたっぷり摂りたい成分を比較的多く含み、また経済的な面から考えて値段も高くないフルーツというと、キウイが挙げられます。その他、柿やイチゴも比較的栄養価が高く、日々の食事に加えやすい。高価ですがマンゴーやパパイヤも栄養価が高いです。ちなみに日本人が多く摂取している果物というとミカンなんですよ。ビタミンCを摂る上では柑橘類がやはり手軽ですね。むきやすいし。食物繊維そしてカリウムを摂りたい人はリンゴもいいです。

白央　スムージーで野菜やフルーツをとっている、という人も近年は増えていますが、こちらはいかが思われますか。

監物　あれは食物繊維が取り除かれてしまうものと、そうでないものがありますね。繊維も含めて摂っていただきたいです。市販の野菜ジュースなどは繊維が摂れないものも多く、また糖分が添加されているケースもあります。

しかしやっぱり、**噛むということが大事**なんですよ。余裕があればジュースでなく、噛んで食べてほしいですね。噛まないと唾液が少なくなる傾向にあり、歯周病を進行させる要因になります。また、噛まずに飲むということは早食いに繋がりますが、早食いの人は肥満や糖尿病にかかりやすいという報告もあります。

薄味好きだが塩分過多の日本人？

白央　塩分の話に戻りますが、「和食の唯一の欠点が、高塩分になりがちなこと」なんておっしゃる栄養士さんもいますね。日本人って少なからず「私は薄味好き」と思い込んでいる傾向にあると私は思っているんですよ。栄養調査をしてみるとそんなことはまったくなく、男女ともに世界保健機構が推奨する一日の塩分量の約２倍近い塩分を摂っています。どうしてこういう結果になるのでしょう。

監物　私の考察ですが、ひとつには和食は「中心部まで塩が含まれている食品や料理」が多い、というのがあります。

代表例が、かまぼこなどの練り製品。練り製品の魅力に「弾力」がありますが、これは塩を加えて練り、加熱することでたんぱく質が変性して、歯ごたえが生まれます。このための塩分は味としては楽しんでいないんですね。漬物も、つくだ煮も、中まで塩が染み込んでい

日本人の食塩摂取源

23の道府県（21地域）に住んでいる成人（20~69歳）男女392人を対象とした4日間の秤量式食事記録によって明らかにされた食塩摂取源。総食塩摂取量（平均：1日あたり10.2g）に占めるそれぞれの食品に由来する食塩の割合（%）。折れ線グラフはその累積曲線（%）。

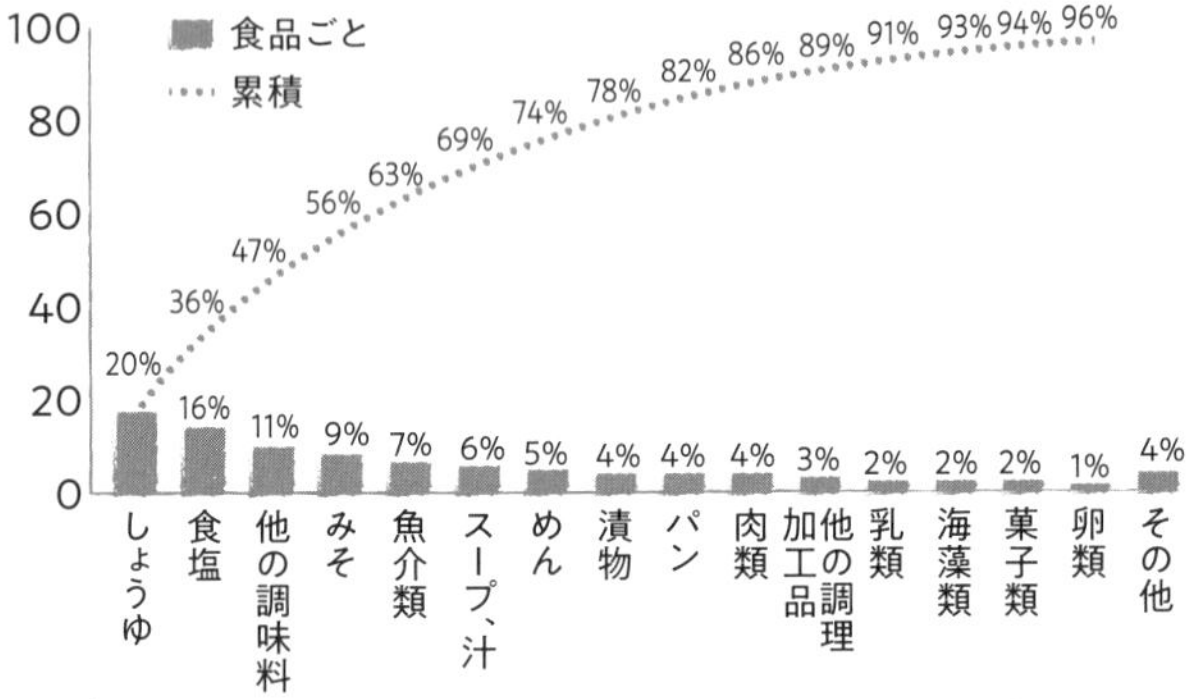

原典）Asakura K, et al.Sodium sources in the Japanese diet: difference between generations and sexes. Public Health Nutr 2016; 19: 2011-23
出所）佐々木敏『佐々木敏のデータ栄養学のすすめ』（2018年、女子栄養大学出版部）

ます。もともと保存性を高める意味でしたが、現代では少し薄くしても多くの方が楽しめるのではないでしょうか。

そして和食は、下処理に手間ひまをかける料理ということもあります。たとえば煮物は野菜の皮をむいて、ときにはゆでこぼすなどしてアクを除き、そこにだしと調味料で中心まで味を含ませていきます。素材の味わいを生かすというより、素材の個性を除いてだしと調味料でいただく料理が意外とあるんです。

白央　たとえば肉の食べ方にもよりませんか。日本人は薄切り肉を食べることが多いけれど、欧米は厚みのある肉を食べる。表面に塩コショウしてステーキ肉を食べるのと、薄切り肉を炒めたりタレをつけて食べるのでは、薄切り肉のほうがはるかに多くの塩分を含むでしょう。また、下味として塩を使うことも多いし、野菜などは塩ゆで、塩揉《も》みしてから使うことも少なくない。とにかく「ごはんが進むような味つけ」が求められてきた歳月の長さを思います。

監物　日本人は総じて濃い味を好むといってもいいのではないでしょうか。その点を気をつけつつ、料理の構成を考えてほしいと思います。

食物繊維は「主食」で摂る

白央　次に食物繊維についておうかがいします。食物繊維を意識的に増やそうと思ったら、どうしたらいいのでしょう。手軽な方法を教えていただけませんか。

監物　簡単なやり方ですと、朝食などにシリアルを活用できればかなり繊維量は上がります。塩分を摂らずに食物繊維が補えるので、栄養的にはおすすめ。ただ商品によって繊維量も違うので、表示をチェックしてください。ちなみにコーンフレークよりもフルーツグラノーラのほうが食物繊維が摂れます。

次は「お米に混ぜる」という方法。麦や雑穀、なんでもいいので食物繊維の多い食材を主食に足すことです。パン党であれば、全粒粉食パンやライ麦パンを選ぶようにすれば、食パンやフランスパンに比べて繊維量は倍になります。

白央 「食物繊維が豊富な食材」として海藻類やイモ類、ゴボウ、または切り干し大根などが紹介されることも多いです。これらを活用する方法もありますか。

監物 それらを食べるのもいいんですが、充分な量をとりにくいですね。また、野菜のおかずで食物繊維の量を増やせば、塩分も一緒に増えます。主食に穀類を混ぜて繊維量を増やすほうが簡単だし、結果的に塩分の摂りすぎを抑えられます。おかずを作る手間もかかりません。**「野菜だけでは食物繊維は充分に摂れない」**ということは強調しておきたいところです。

白央 和食の場合、主食（ごはん）に塩分が含まれないのは強みでもありますね。これがパンだと塩分が含まれてしまう。食物繊維の1日摂取目標はどのくらいなんですか。

監物 現在「18～69歳で1日当たり男性20グラム以上、女性18グラム以上」なのですが、そのレベルに達していない状況です。

減塩はお金がかからない

白央 ちなみに、足りないものを補うとしたらサプリメントなどを利用する方も多いですが、こういったものからの摂取はどうお考えですか。

監物　まず注意してほしいのが、「サプリを飲んでるから、食事はさほど気にせずとも大丈夫」という認識になりやすいことです。この点、すごく気をつけてほしいんですよ。

安全な範囲で使用していて、「私にはこれが効く」と値段も含めて本人が納得している場合は「やめなさい」という必要はないかとも思います。人によって効くこともあるのかもしれないし、それが楽しみになっている場合もありますから。

ただ人間、**栄養において「何が足りていないか、何を摂りすぎか」ということは自己判断できません。**栄養士に習慣的な食事内容を診断してもらって、その上で「○○が足りていません。現在のあなたの食生活では自炊で摂るのは難しいようですから、補助食品やサプリメントを活用してみましょうか」という順番がのぞましいんです。

白央　現状、日常生活で問題なければ「私は塩分を摂りすぎ」「私は食物繊維が不足している」なんて気づかないし、思いもよらないものですよね。しかし病気になる前の段階で気をつけないと。症状が出る前に改善できないと、将来的なマネーセーブには繋がらない。

監物　厳密には分からなくても、その人の食事の傾向からどのような栄養素の過不足があるかを把握できる質問票も研究開発されています。東京大学大学院医学系研究科教授の佐々木敏さんが開発したＢＤＨＱという簡易型自記式食事歴法質問票が代表的ですが、こういったものが健診で活用されると、生活習慣病予備群の前の段階で気づくことができます。個人的にはそのようになればいいと思います。

白央　うーん、ただそれはあまり現実的じゃないですよね。一般人がそれを利用するのは難しい。最近ではスマホのアプリでもカロリーコントロールを手助けしてくれるものがありますが、いかがでしょうか。

監物　ひとつの目安にはなるかもしれませんが、写真やメニュー名だけでの機械判定では、正確性に大きな期待はいだかないほうがよいと思います。

白央　ともかく、現在問題がなくても多くの日本人にとって「なるべく塩分は減らす」「意識して食物繊維を摂る」よう、心がけるのがベターということですね。そしてくれぐれも自己判断しないこと。

監物　はい。**減塩はお金がかからない上に、どんなサプリよりも効果が期待できます。**

成長期のカルシウム摂取が寝たきりのリスクを下げる

白央　年齢と共に、栄養面で気をつけるべきこともやはり変わってくると思います。その点について、教えていただけますか。

監物　各年代で特に気をつけて摂りたい栄養素、そして問題になりやすいことをまとめてみましょうか。

まず子どもの頃、いわゆる成長期も塩分の摂りすぎは注意。そして不足しやすいのはカルシウム、鉄、ビタミンB_1、ビタミンDです。カルシウムやビタミンDは、骨が形成される上で必要な栄養素。**成人するまでにどれだけ立派な骨を育てておくかによって、老年期の骨粗しょう症のリスクが変わってきます。**カルシウムをしっかり摂って、運動して負荷をかけ強い骨を育てておくことで、将来寝たきりになるリスクが下がります。

白央　このことはもっと知られてほしいですね、特に小さなお子さんのいる方に。成長期に好き嫌いしていると、老後にそのツケを払わされる可能性があると。

しかし幼少期の好き嫌いは親御さんにとって大変切実な問題であることも事実です。どうしても食べてくれない場合もあるでしょう。ただ、小学生、中学生になってくると道理も分かってくる。なぜ成長期は特にカルシウムやある種のビタミン類が必要なのか、将来的なリスクを含めて説明してあげてほしい。子どもの頃って「老後のことなんか知るかよ」って感じかもしれませんが（笑）、成長期までに育てた骨で一生を生きていくって、案外知られてないと思うのですよ。

監物　そのカルシウムですが、日本人の食生活では充分に摂りにくい栄養素といえます。給食のない日は、特にカルシウム摂取が少なくなるというデータがあります。あと鉄も不足しがちとされています。親御さんはこの点もしっかり意識してほしいですね。

また小学校高学年から中学・高校生になると、ファストフードやコンビニの利用が増えてきます。「そこで何を買うか」を三色食品群を意識して選べるようになることが大切です。

18〜29歳は最も食生活が乱れる年代

白央　「食べものを選べる力」は早いうちに身につけたいですね。親子間で食情報がうまく共有されてほしいなあ。さて次は18〜29歳という年代ですが、成長期も終わり社会に出ていく年齢層。この時期が最も食生活が乱れがちと聞きました。

監物　忙しいこともあるのでしょうが、この年代は朝食の欠食が多い。朝食を抜くと、そのあと昼夜と食べるときに食後血糖値の上昇量・上昇幅が大きくなり、糖尿病になるリスクが大きくなります。

これは世代に関係ないのですが、**栄養面で大事に考えてほしいことはまず、欠食しないこ**

とです。一食抜いてしまうと、充分な栄養量が摂りにくくなります。たとえ3食しっかり食べたとしても、必要な栄養素をまんべんなく整えるのはやさしいことではないんですよ。

白央　時間や気持ちの余裕がなくてつい欠食してしまうこと、本書の読者さんも多々あると思われます。そういうとき、どうすればいいんでしょう？　たとえば私の友人などはカロリーメイト（ブロックタイプ）を常備して、忙しいときによく食べています。これはどうでしょうか。

監物　もちろんそれでも構いません。たとえおにぎり1個でもいいから何か口にすることをおすすめします。

話を戻しますと、18歳から29歳ぐらいの男性の食生活は糖質・脂質がとても多くなってきます。満腹になることが優先されがち。

そして、体力に任せて健康に留意せず、飲酒習慣がつくのもこの頃。お酒を飲むときにどういうおつまみの選び方をしたらいいか、というのは学校では教えてくれません。

白央　これもやはり、赤・黄・緑からおつまみ1品ずつ、というように考えればいいのでしょうか？

監物　そうですね。お酒を飲む分、黄色は少し控えるとよいでしょう。

白央　せめて野菜を使ったおつまみを心がけるといいですね。酒好きとして私も心します(笑)。魚も食べたいところですね、家でなかなか食べない人は特に。大豆製品だと豆腐、厚揚げ、納豆を使ったおつまみなど。枝豆もいいですが、塩分が多くなりすぎかな。

痩せている女性が妊娠した場合の子のリスク

白央　さて、20代の男性は肉食に偏りがちだという指摘もありますね。

監物　やっぱり若い男の人はとにかく肉を食べたがる傾向にあるからか、脂肪の割合が増えます。先ほど日本人の栄養問題ではまず減塩、そして食物繊維と言いましたが、3番目には動物性の脂に多く含まれる飽和脂肪酸の問題があります。

白央　飽和脂肪酸が多くなると、どのようなリスクが高まりますか。

監物　飽和脂肪酸を摂りすぎると体内でのコレステロールの合成が進みます。特に血中LDL(いわゆる悪玉)コレステロールの量が増えます。すると動脈硬化、そして心疾患のリスクが高まります。

白央　この年代、女性の場合はどうでしょうか。

監物　逆に女性は痩せすぎの人が多く見られますね。痩せ嗜好で食べる量が少ないと、不足しがちな栄養素――カルシウムや鉄などのミネラル、食物繊維などがなかなかしっかり摂りにくいですね。先ほど白央さんも仰っていましたが、骨は20歳前後で骨量のピークを迎えます。その頃までに骨量をしっかり高めておかないと、将来骨粗しょう症になるリスクが高い、ぐらいに考えておいてほしいです。

白央　若いうちに将来の健康を考えることは本当に難しい。何しろ無理がきくし、さほど食べなくても体力があってなんとかやれてしまう。しかし、現代では将来の収入に不安を覚えている10代20代も増えています。健康におけるリスクヘッジが将来的な金銭消費のセーブに繋がるという面も伝えたいんです。

監物　そういう意味ではより広く知られてほしいことのひとつに、「痩せている人が妊娠して、妊娠中にしっかり体重を増やさないと、お腹の赤ちゃんは将来、生活習慣病になりやすくなる」ということがあります。

白央　この「痩せている」というのがまた難問ですね。本人が納得しなければ、「私は痩せていない」「もっと減らしたい」となってしまう。このあたりは、どう考えればいいのでしょうか。

監物　リスクについて繰り返し、根気強く伝えていくしかないですね。妊娠すると多くの方が栄養の正確な情報を気にかけてくれる感じはします。そのチャンスを逃さずにお伝えできるといいですね。

白央 さて、カルシウムと共に不足しがちな栄養素として先ほどから挙げられている「鉄」に関して。足りないと貧血になりやすいことは知られていますが、対策としてはどうしたらいいですか？

監物 まず鉄が不足するのは主に女性で、これは月経による出血が最大の要因となるためです。つまり個々の必要量は月経による出血量にも左右されるので、月経の出血量が少ない人はさほど気にしなくていいかもしれません。鉄は日本人にとって摂りにくい栄養素なので、場合によっては栄養士に相談の上、サプリメントという手段を検討してもいいでしょう。

栄養バランスが崩れていく世代

白央 次は30～40代ですが、この時期は栄養面でどんな問題が起こりやすいのでしょう。

監物 仕事が忙しくなってストレスも増え、酒量が多くなる人が増えます。また子どもができると、子どもが好むものを作りがちになり、自分の食事が二の次になるケースも見られます。

一概にはいえませんが、たとえばお子さんってやっぱり洋食が好きで、野菜をあまり好んで食べない傾向にある。洋食に偏ることで飽和脂肪酸が増えてしまう。

また料理していることで食事した気になってしまい、しっかり量を食べられていなかったり、残りものだけで一食済ませて栄養バランスが悪くなってしまったり。男性の場合は、外食や仕事のつきあいに引きずられることでバランスが悪くなりがちに。この世代は、自分の意思とは関係ないところで栄養面が崩れやすい。

野菜や果物を意識して食べて、ビタミンAやビタミンC、食物繊維をしっかり確保したいところ。牛乳や乳製品の摂取も少ない傾向があり、カルシウムが充分に摂れていない人も多いようですね。

白央 カルシウムを簡単に、かつ塩分などを増やさないようにして摂取するなら何がおすすめですか。

監物 やはり牛乳です。カルシウムを多く含む食品は、魚や大豆加工品、青菜など多くありますが、牛乳や乳製品の何が魅力かといったら、手軽に効率よくとれるということですよね。ただ飽和脂肪酸も意外と含まれているので、私は低脂肪タイプのものを選んでいます。

カルシウムを多く含む食品

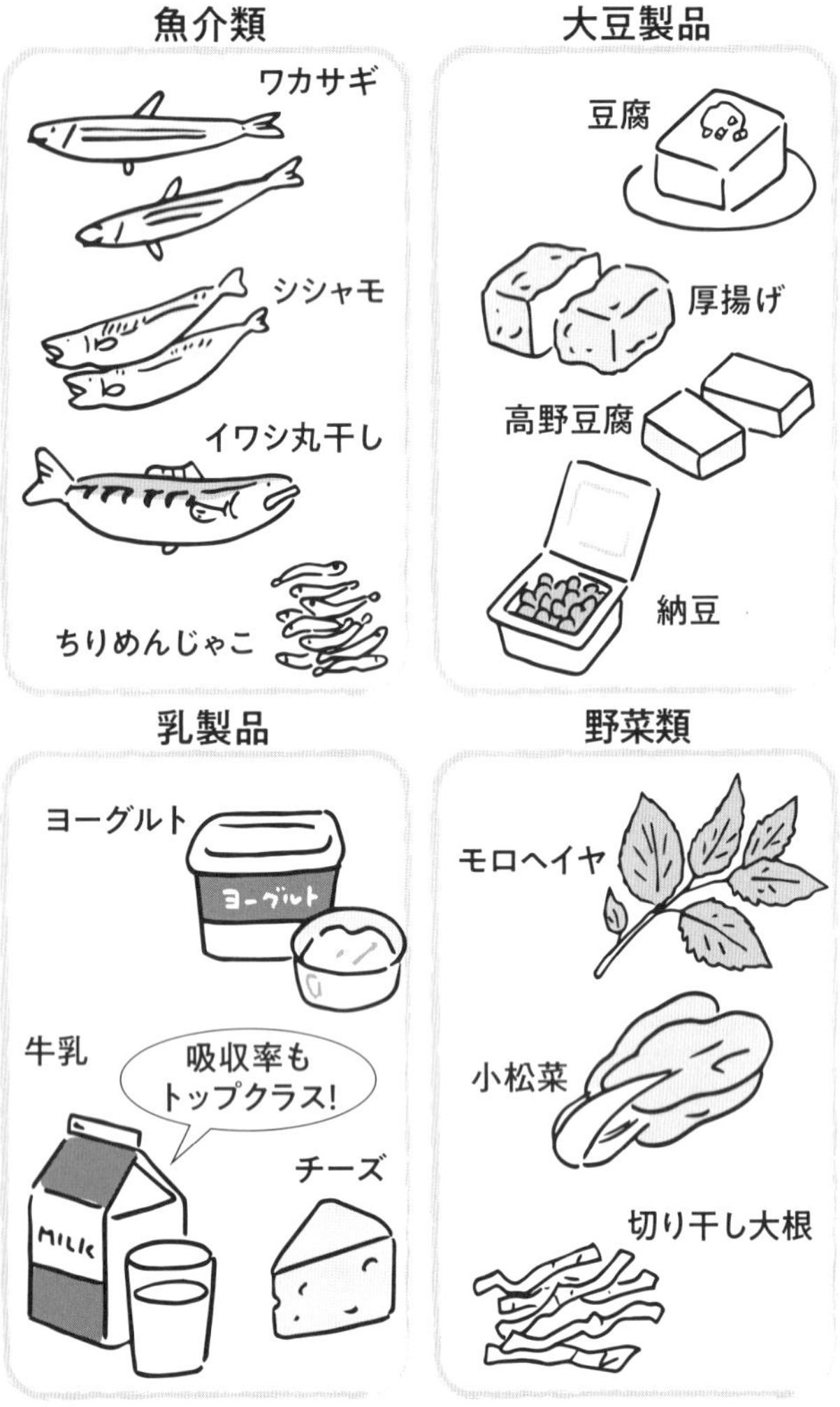

コラーゲンやコンドロイチンは栄養成分じゃない

白央　さて次は50〜60代ですが、いかがでしょう。

監物　生活習慣病を発症しやすく、また女性は閉経を迎える時期になります。有病率がグンと上がるのがこの年代。しかし同時にやっと予防しようという気になるからか、または体が求めるのか、野菜、果物、魚介を食べる率も上がってくるんですよ。

50歳代のうちに太っている人は適正体重になるようダイエットして生活習慣病の予防・管理をしっかりしておくことが大切です。そして塩分、アルコールをほどほどに控えたいところですね。一方で、この世代はサプリメントや「健康食品」を買う人が増えてくる。「健康食品」に関しては、いま被害報告が増えています。この手のものはきちんと表示なり、宣伝内容をよく読んでほしいですね。効能を書いておらず、雰囲気だけをうたっているはずです。

「健康食品」に関しては、私は効果は期待できないと思っているんです。

白央　と言いますと?

監物　コラーゲンとかコンドロイチンとか栄養成分ではないものを摂るよりも、食事摂取基準に設定されている栄養素をしっかり整えたほうが将来の健康にとってプラスになる確率が高いのは明らかです。まずここができた上で、なお健康不安があって、安全な範囲で試してみたいものがあるならば止めません。

白央　コラーゲンやコンドロイチンは栄養成分であると思っている人は多いと思いますよ。栄養成分とは何か、説明していただけませんか。

監物　定義はひとつではないのですが、ここでは「健康に生きていくために食事など体外から摂取することが必要不可欠な成分」としてお話ししています。コラーゲンはたんぱく質の一種ですが、たんぱく質をきちんと摂っていれば体内で充分に合成されるので、食事から摂らなくても何も問題は起こりません。

白央　「健康食品」といえば、昨年（２０１７年）はプエラリア・ミリフィカが話題になりましたね。強い女性ホルモン様物質を含んでおり、服用した若い女性を中心に被害が多発してしまった。「バストアップが期待できる」との触れ込みでしたが、現在でも手軽に買えてしまう状況がある。効果があるのかどうか確かなデータがないもの、そしてときには健康被害すら引き起こしかねないものが堂々と売られ続けている。

監物　健康被害が増えていることで、国民生活センターも注意喚起をしていますし、消費者庁の取り締まりも強化されています。

ただ、だからといって「ならば現在売られているものは大丈夫だろう」ではないのです。

白央　使用者の体験談ばかりを宣伝する「健康食品」はあまり意味がない、と私は思っているんです。効果がある人もいるかもしれないけど、それは誰にでもあてはまる効果ではない、ぐらいのレベル。「夢を買っている」と割り切って楽しめる人ならまだいいかもしれませんけどもね。

監物　「健康食品」に関しては、国立健康・栄養研究所のサイトを活用して、購入前にその商品がうたっている成分をチェックすることをおすすめします。

白央　栄養に関することはとにかく「ある時点からまったく情報が更新されていない人」というのも少なくありませんね。これは栄養士さんでもそうだし、医者でもそういう人がいる。よくある「豚肉を食べて疲労回復！」というのは根拠がないのに、いまだによく見聞きしますし、堂々とテレビで言っている栄養士さんもいる。

監物　豚肉に含まれるビタミンB_1が疲労回復の助けになる……という話ですが、昔の料理書――実は『栄養と料理』でもそう書かれていたんですね。大学の先生が授業で語ることもありました。ビタミンB_1は、日本人で足りていない人は現在はほぼいませんし、疲労回復は期待できません。そもそも疲労に対してどんな栄養素をどのくらい摂ると軽減されるかなどのデータはあまりないそうです。

高齢者の食欲低下・低栄養は社会問題

白央　さて次は70歳以上に関して。人によっては食欲の低下が始まってしまう世代です。ここから低栄養の問題に繋がることが最近特に問題視されていますね。

監物　高齢者の低栄養は社会問題です。食欲が減り、運動量も減って足腰が弱ってしまう。専門用語でいうと、筋肉量が大きく減ってしまう「サルコペニア」、そして筋力が落ちて日常生活に支障が出るほど運動機能が低下し、それに伴って気力も落ちてしまう「フレイル」の人が増えているんです。

これらをいかに防ぐかが、健康長寿社会のカギですね。中には生活習慣病や肥満予防を意識しすぎるあまり、低栄養に繋がるケースもあるんですよ。

白央　高齢になったとき考えるべき体のことって、個々の状態によってかなり違いそうですね。複合的なケースも多いでしょうし。そういったことを自己判断してしまう危険性もある。

しかし、栄養士さんに栄養相談したくても縁遠いのが実情ではないですか。もっと栄養のプロと気軽に交流して相談ができればいいなと思うのです。その点についていかがお考えですか。

監物　たとえば、少子化で小中学校の空き教室が増えていますよね。そこを利用して地域の高齢者が給食を利用できるといいと思うんです。さらにはそこが学校の栄養士さんと交流できる場になるといいなと思うんですが、やはりなかなか難しい……。一方、薬局やコンビニで栄養相談ができる取り組みも始まっていますね。今後は社会的な広まりも期待できそうです。

白央　兵庫県明石市が今年（２０１８年）の９月から独居65歳以上の市民を対象に、中学生が食べているのと同じ給食を昼食として提供する事業を始めましたね。１食３００円と聞いています。どんな広がりを見せるのか、注目したいところです。

栄養も「食の楽しさ」も、どちらも大切に

白央　以前、監物さんに取材でお話をうかがったとき、「栄養を考えるのはもちろん大事だけど、基本的に食は楽しさを優先してほしい」と仰っていたのがとても印象的でした。そこを忘れてしまっては毎日の食がつらくなるから、と。栄養士さんだったらなかなかそうは言えない部分があると思うんです。栄養士さんと、実際に栄養の悩みを抱えている一般読者の

間でずっと仕事をしてきた人だからこその言葉というか。
栄養はとても大切なことだけれど、それだけを考えて「食べること」は済ませられるものじゃない。

監物　基本的に、そんなに理詰めでは人間やっていけないと思うんですね。そして、よほど極端な食生活でなければ、そこそこ健康でいられますから。難しく考えすぎないでほしいです。

私は基本的にそのとき食べたいものがあれば、食べればいいと思っています。
ただ1日、そして1週間のトータルで何が足りなかった、何が多かったと判断できればそれに越したことはないですよね。それに「いま食べたいものが浮かぶ」ということは大切なことなんですよ。だんだんとそういう気持ちがなくなってしまうと、食べる意欲がなくなって、飲み込む力も落ちる。そして虚弱になって……という悪循環が将来的にはありうるんです。

白央　食べたい気持ちを優先しつつ、うまいこと日常で微調整できれば理想的ですね。栄養だけを考えても人生味気ない。いかにうまくバランスを取るか。ただ栄養士さんの話を参考にするあまり、栄養価の低い野菜は食べなかったり、逆に栄養価の高い野菜を中心に食べたりする人もいる。

監物 そういう方もいますね（笑）。

白央 栄養価の高い野菜というと、どういったものが挙げられますか。

監物 ホウレン草、カボチャ、ニンジン、ブロッコリー、菜の花、小松菜、赤パプリカなどはビタミンA、ビタミンC、ビタミンE、ビタミンK、葉酸、カルシウムなど、全部が多いわけではないですが、複数の栄養素を多く含んでいる野菜です。

白央 逆に栄養をあまり含んでいない野菜というと？

監物 代表的な日常野菜の中では、ほかの野菜に比べて含まれる栄養成分量が少ないのはたとえばナスでしょうか。栄養素ではありませんが、摂取が期待できるとすると皮に含まれるポリフェノール。成分を摂るために食べるのだとしたら、皮をむいた焼きナスは意味がないなんてことになってしまう。

白央 でも焼きナスはおいしいですもんねえ。栄養価的には評価されないかもだけど、風味を味わうというのも食の上で大切なこと。栄養ばかり考えて、自分の好みや楽しみを損なってしまっては、結局は生活の質が下がってしまうと思っています。

監物 こういう話だと山菜などもよく挙がりますよ。繊維はあるんですが、栄養価的にはさほどでもない。ワラビなどは発がん性も指摘されています。

白央　だからこそ丁寧にアク抜きするわけですよね。あの手間ひまをかけてまで山菜を食すというのは、ひとつに食材が豊富でなかった長い歴史があるわけですが、春を味わいたいと願った日本人の思いの結果でもある。

監物　栄養というのは、毎日の食事の組み合わせ、その継続的な結果で考えるものです。嗜好、季節、環境など総合的に考えて、とりいれやすい形で味わって、健康を支えて、人生を支える。食材ひとつひとつを栄養価で判断するのではなく、またリスクだけで判断するのでもなく、メリットもデメリットも組み合わせることで、自分にとっての豊かな食事をすることが「栄養と料理」の関係だと思っています。

白央　栄養というメリットだけを考えて日々の食事はできないんですよね。好きなものを食べて気持ちがスカッとするのだってすごく大切だし、それこそ栄養を考えるあまりストレスになって気が病んだら意味がない。ただそういう「発散の食」を楽しんだら、自分でうまいこと「ここ最近私は○○を食べてなかったな、とってなかったな」「○○が多すぎだな」と栄養面での微調整ができたらベストと思うんです。それにはやっぱりいろいろ知っておかないと、ですね。

この度は、どうもありがとうございました。

つまるところ、「体にいい」とはなんなのか

栄養および「健康と食」に関することって、たしかなことだけを伝えようとしていくとどうしても「つまらない」ものになってしまうんです。これは食記事制作を経験してきて、強く思うこと。突きつめると「腹八分目にして、まんべんなくいろいろなものを食べて、適度に運動する」これしかないんですね。「健康のためには何を食べたらいいんでしょうか？」と管理栄養士さんや医師に質問してみたとします。どんな答えが返ってくると思いますか？「その人の体がどんな状態であるか、どんな食生活であるか、検査・調査してみないことにはなんとも言えません」

誠意ある人々であれば必ずこう答えると私は信じます。万人にとって「とればとるほど体にいい！」なんてものは、ありません。「何を食べればより健康に近づけるか？」を考えるには、まずもって自分の食生活を見直すことが大事。もう足りているのにお金を払って摂取していること、あるかもしれませんよ。監物さんとのお話にも出てきたように、日本人に総じて不足しがちなのはカルシウムと食物繊維で、摂りすぎなのは塩分です。この3点を頭に

入れて、自分が1週間で食べたものを振り返ってみてください。スマホで毎食の写真を撮っておくと振り返りやすいですよね。

さて、私も偉そうにこんなこと書いてますが……昨夜は飲みすぎました。今日は休肝日にしなくては、です。

第6章——自炊日記——〝特売〟と〝余りもの〟活用の日々

お金と栄養のバランスを考えておいしく生きる

面倒くさいことは誰しもあるもの

料理において何を面倒くさいと思うか?

これも人によりけりですね。たとえばこの私なら正直、家で揚げものをしようとはあまり思いません。それからひき肉をこねて作る料理がどうにも……面倒くさい。

揚げものは何度もトライしてきました。もちろん家での揚げたては格別のおいしさ。食べる瞬間はすごくうれしいし、達成感もひとしおです。けれどやっぱり……揚げ鍋の片づけ、油の処理を思うと腰が引ける。うまいことカラッと揚がらないときの徒労感、失望感もハンパない。

そしてハンバーグやつくねなど、ひき肉をこね合わせる作業が必要なレシピも私にはどうにもわずらわしく。どちらも食べるのは大好きなんですけどね。

人間、何度もやるほどに慣れてきて「最初は面倒だったけど、回数を重ねるうちそう思わなくなった」となるものと、「何度もやるうち、やっぱり私にはこういう作業は向かないと分かった」となるものとにハッキリ分かれるようです。

なので我が家の場合、揚げものやハンバーグなどは基本「買う」か「外で食べる」ことがほとんど（ごくたまに、気が向いたときだけやります）。

面倒なことはやらない、避けるというのも自炊を嫌いにならないコツだと思うのです。料理においてどうにも負担に思えてしまうこと、なるべくならやりたくないことって、自炊を続けているとだんだんと分かってきます。料理上手な人たちにも必ずといっていいほど苦手なこと、できれば避けたいことはあるものなんですよ。

たとえば料理研究家のAさんは、もやしのひげ根を取る下ごしらえが大の苦手。もやしってよく見ると、芽じゃないほうについてる細い根がありますね。あれを取り除くと食感がよくなっておいしくなるんです。中華料理店では仕込みの定番で、取材に行くと若いコックさんがボウルにいっぱいのもやしを、ひとつひとつひげ取りしている姿をよく見かけます。「取ったほうがいいと分かっちゃいるけど、どうにも面倒くさくて。だからもやし使うレシピ、極力やらない」なんて笑っていました。実に繊細な料理を難なくこしらえる人なので意外でしたが、人によって面倒なツボというのもいろいろですね。

また料理家のBさんは、「野菜の細切りが大嫌い。仕事だからやるだけ」と堂々と言います。いわれてみれば細切りが必要な料理、あまりお作りにならない。

人気コックのCさんは、「包む料理が苦手。春巻きとか餃子とか。昔失敗したのがトラウマで、いまでもなるべくやりたくない」とのこと。誰しも料理で苦手に感じること、手間に思うことってあるものです。慣れないうちはなおさらですよね。くれぐれも負担にならないレシピから身につけていくようにしてください。

たまにはドイツ流「カルテス・エッセン」で楽しよう

この本を読んでくださっている方の中には、もうすでに自炊生活を長いことやられている方もいるでしょう。家族のために料理を作り続けているけれど、どうにも面倒だったり、しんどかったり……という方もいるかもしれません。

ちょっとこんな話をさせてください。

私の友人で、結婚を機にドイツに移住した女性がいます。彼女が教えてくれたのですが、向こうには「カルテス・エッセン」なる食のスタイルがあるのだそう。簡単に説明すると、特に料理をせずチーズ、ハム、パンぐらいで一食を済ませること。切ればすぐに、できあがりというわけです。

彼女、夫の実家に行ったとき、義母が19時過ぎに「じゃあ、夜ごはんにしましょうか」と台所に立って驚いたんだそうですね。「これから用意するってことは、食べられるのは一体いつだろう?・」なんて思ったのもつかの間、5分で義母が「さあ、食べましょう」と戻ってきたのでさらにビックリ。トレイの上にはスライスされたハムとチーズとパン、少々のレバーパテがあったそうです。

「ドイツではごく一般的なんですね、このスタイル。週1~2回の家庭もあれば、ほぼ毎日一食はカルテス・エッセンの家庭もある。最初は『もっと野菜が食べたい』とも思ったけれど(筆者注・実際、簡単なサラダを付ける家も多いよう)、週1~2回でもこういう楽な食事で済むのはとても合理的だな、と感じるようになりました」

とは移住した彼女の談(ちなみに彼女、幼児を抱えつつ共働き)。カルテスは「冷たい」、エッセンは「食事」の意味で、「冷たい食事」と直訳すると少しさびしい感じがしますが、このスタイルは現代の忙しい日本人がもっと真似てもいいのでは……と思うのですよ。たとえば夜ごはん、「週2回は切るだけで済むものにする。火を使わず片づけも楽なものにする」なんてルールが家族内でコンセンサスを取れれば、これはいいですよね。

そういえば、別のドイツ人男性からは「日本人は手料理をしすぎだ」と言われたこともありました。あるとき、家に友達数人を招いて手料理でもてなしたのですが、その中にいたドイツ人の彼から「君はずっと料理を作っているけれど、あなたが招いたのに全然みんなと話せてないじゃないか」と言われて、ドキッとしたことがあります。そのときも「おつまみはハムとかチーズとかで充分。それよりもっと話そうよ、せっかく会えたんだし」と続けられて、もっともだなあ……とちょっと反省したのです。

日本人は「手作り料理＝愛情」「おもてなし度合いを表すもの」と思い込みすぎている部分、ありませんでしょうか。そこをときに頑張るのもいいけれど、ちょっとドイツ流にカルテス・エッセンをたまに導入してもいいんじゃないかな……と思うのです。

ただ日本だと、おいしいパンとハムとチーズがなかなか手に入りにくく、ものによっては高くついてしまうのが難点ではあるのですが（汗）。

料理のハードルは人それぞれ

一度ツイッターで「料理に関してハードルの高いことってなんですか？」というアンケートをお願いしたことがあります。複数回答可で73名の方からいろいろな意見が寄せられました。

第1位は揚げもので26名。天ぷら、コロッケが特に苦手という声が聞かれました。「準備から後片づけ、洗いものまで大変」と思われる方が多かったです。ハイ、私も同感！「子どもが喜ぶからやっている。育ったらやらないと思う」という意見も数名。料理上手からは「揚げものを覚えてしまえば難しくないし、料理のレパートリーが一気に広がる。食べる側の満足度も高く、また安い食材がごちそうになるのも魅力」という声がよく聞かれるということも書き添えておきます。

第2位は「魚をさばく・おろす」で19名。「生ごみが多く出る」「ニオイが気になる」「内臓や血の処理が面倒」という声がありましたが、これらはかなり料理上級者の悩みでしょうかね。

第3位はまず「お菓子作り」で7名。きっちりとした計量&時間計測が苦手、用意するものの多さ、道具が多くて初期費用が高くつく、食材の原価も高いといった理由が挙がりました。これも分かるなあ。

同点で3位に挙がったのが「ぬか漬け」です。ぬか床のケアが大変という理由ですが、これもかなり料理に慣れた人の意見だと思われます。

以下、だしをひく、ちらし寿司やいなり寿司作り、タケノコの下処理、お赤飯作り、ドレッシング作り、圧力鍋を使う料理、炊飯器を使わずごはんを炊くこと、などが挙がりました。

特に印象的だったのは「作ったものを食べ切る」という意見です。食べ切れず捨ててしまうのは罪悪感を覚えますよね。しかしこれ、どうしようもない場合もあります。あまり自分を責めないでほしい。もちろん食べものを大切にするのはとても良いことです。でも誰しも作ること、捨てることを繰り返しつつ、だんだんと自分の適量をうまく作れるようになっていくものですから。

また「副菜を作ること」という声もありました。主菜を作るので精一杯、という意見。もっともです。本著でも「主食＋主菜＋副菜の構成を」と最初に提示しましたが、パスタ1品の中でそのことを意識するのだって構いません。なんなら主菜か副菜どちらかやりよいほうだけ作って、あとは買ってもいいのです。副菜をヨーグルトと果物だと捉えてもいいのです。自炊だからといってあまり厳格に「すべて作る」と考えすぎないでほしいと思います。

無理は何より禁物！

「片栗粉のとろみづけ」というのもありました。これ、失敗するとショックですよね。私も覚えがあります、最後の最後でとろみがつかなかったり、ムラができたり。レシピにきっちりと片栗粉と水の分量がない場合は（結構あるんです）、基本「片栗粉：水＝1：1」で覚えてください。これでやると失敗が少なくなると思います。

また「盛りつけがきれいにできない」という悩みもありました。インスタ映えを気にする時代らしい……などと流したくありません。せっかく作ったら誰しもきれいに盛りたいもの。でも「盛る」って、難しいんですよ。この本は現在「炊事をしてもらっている人」も読んでくださっているかもしれません。味だけでなく見栄えのことに関しても「良い」と思ったときはどんどん褒めてあげてほしいと思います。味以外のことをふと評価されると、これは実にうれしいもの。無理に褒めてわざとらしくなってしまっては逆効果ですが、こういうことは頭の片隅に入れておいてください。

面白かったのが「年輩の料理研究家さんのレシピは、なんだか叱られているような気になる」というご意見でした。「昔はこうやって手間をかけたのですよ」「今はあまりやらないけど、本来はこうやってするものなのですよ」みたいなお言葉が入ること、ままありますね(笑)。とにかく楽に作りたい、と思っている場合、お小言に聞こえてしまうというのは理解できます。

また作り手サイドが書きがちなことに、「このひと手間がおいしくする」「ひと手間が愛情」みたいなこと、結構あるんです。ひと手間できたらいいけれど、その時間と気力がどうにも捻出できない人への配慮は忘れたくないな、と読んでいて襟を正しました。

ハンバーグ、ちょっと待った！

さて、ちょっと余談ついでですが……料理し始めって、どうにも小難しい料理からトライしてしまう人が多いように感じています。その代表格はハンバーグ。ポピュラーな料理ですが、ビギナーがいきなりトライするにはいささかハードルが高いと思うのですよ。

玉ネギをみじん切りにして涙を流し、ひき肉をこねてもほどよく練れたかどうか分かりにくい。さらには焼いたとて中まで火が通ったかも分かりにくい。完成したはいいけれど、つけあわせのないハンバーグはうら寂しい。ソースを別に作るのはさらに面倒。終わってみればたくさんの洗いもの……。

これで料理、懲りちゃったという人もいるのではないでしょうか。日本全国に「1、2度使われて、以来ずっと戸棚で眠りっぱなしのナツメグ」が一体何本あることか。またハンバーグのためにパン粉を買ったはいいけれど、以降ずっと使っていないという人も多そうな。

私のおすすめ、豚しゃぶサラダ

はじめのうちは、「切る・加熱・和える」の3工程でできるような料理が個人的にはおすすめです。たとえば豚しゃぶサラダのような料理。野菜を切って、肉をゆでて、ポン酢かドレッシングで和えれば完成です。

肉は、「しゃぶしゃぶ用肉」を買ってくれれば切らずに済みます。レタスとキュウリとプチトマトなんかを洗って、水気を切って、自分が食べやすい大きさに切る。味つけは私ならおろしポン酢にしたいところですが、ゴマダレもいいですね。一緒に豆腐を切って、残りの野菜をのせてポン酢をかければ2品が完成です。ミョウガを刻んだり、おろしショウガを添えたりしてもいいですね。ドレッシングやポン酢、または焼き肉のタレなど、それ1本で味つけがビシッと決まるものを活用すると、失敗知らずで楽ですよ。カイワレなどのスプラウトを足してもいいし、慣れてきたらブナシメジを肉と一緒にゆがいて足してもいい。

豚しゃぶサラダの一番のポイントは加熱です。ぐらぐらと沸騰しているところに入れると肉が硬くなっておいしくない。沸騰したら少量の水を入れて、それから肉を入れてください。肉のピンクのところがなくなれば引き上げて、軽く冷ましたらキッチンペーパーなどで水気を拭《ふ》き取ります。このひと手間で味も薄まらず、おいしくいただけます。

＊

さて、突然ですがここからは私の自炊日記。日頃こんなふうに調理し、買い物をして、食材の使い回しをしているという一例となればと思い、手前味噌ながら記させていただきます。まだまだトライ&エラーの多い毎日ですが、何かの参考になれば幸いです。

○月△日　実は手軽な肉そぼろでお弁当を

我が家は2人暮らし、ツレは会社員で私がフリーランスのライター。私が炊事、あちらが掃除担当、という家事分担。平日の朝はいつも弁当作りから始まります。

ある日の月曜日はそぼろ弁当にしました。うちは基本、「昨日特売だったもの」がその日のおかずに。昨日のスーパーでの特売は合いびきミンチ、ピーマン、ナス。そして見切り品でレンコンがありました。

肉そぼろ弁当

肉そぼろって、覚えてしまえばわりに手軽な一品。鶏ひき肉、豚ひき肉、合いびき、牛ひき肉、どれでやってもそれぞれのおいしさがありますね。ひき肉をショウガのみじん切りと軽く炒めて、酒、みりん、醤油で味つけ。チューブのおろしショウガ、めんつゆでやればさらに手軽ですよ。楽したいときはめんつゆ、私は積極的に使用しています。味が決まりやすいのがうれしいところ。

炒り卵は塩など加えず、私は溶き卵をそのまま炒るだけ。ひき肉やほかのおかずの塩気で食べてもらいます。こうすることでほんのちょっと減塩。

レンコンは薄切りにしてきんぴらに。ピーマンとジャコ（小魚の干したの）のゴマ油炒めは週末の作りおきでした。ピーマンとジャコをゴマ油と酒で炒めて塩コショウしただけですが、これがなかなかおいしい。ジャコの代わりにツナでやってもいいですよ。レンコンも3日分ほどこの朝に作りおき。水曜ぐらいまでは持たせたいところです。

○月△日　なすそうめんで、緑黄色野菜に思いを寄せる

さて、自分用の昼ごはん。特価だったナスと合いびき肉をゴマ油で炒めて、めんつゆで軽く煮て、ぶっかけそうめんに。これ、香川県の「なすそうめん」という郷土料理をアレンジしています。本来はゴマ油と唐辛子でナスを炒め、油揚げと一緒に酒、みりん、いりこだしで軽く煮て、ぶっかけにするもの。

ちなみに朝は半熟卵に納豆ごはん、ワカメとネギの味噌汁。2食で考えると……緑黄色野菜、たんぱく質が不足してますな。ということを頭の片隅に入れつつ、夜ごはんの買い物に

行くとしますか。

＊

ここでちょっと緑黄色野菜についてご説明。

代表的なものでいうと、トマトにニンジン、ピーマンにカボチャといったところがメジャーでしょうか。そのほかシシトウ、インゲン、オクラ、サヤエンドウ、グリーンピース。葉物ならば小松菜、春菊（きく菜）、セリ、チンゲン菜、菜の花、ネギ、水菜、ニラ、ホウレン草、パクチーにモロヘイヤ、ツルムラサキに三つ葉、ルッコラ、クレソン。そしてアスパラガスやブロッコリーも緑黄色野菜に含まれます。

なすそうめん（口絵参照）

緑黄色野菜とは「原則として可食部100グラム当たりカロテン含量が600マイクログラム以上の野菜」というのが厚生労働省の決めた基準で、カロテン（ビタミンA）以外にもビタミンCやビタミンK、葉酸、カリウム、カルシウムなど、いろいろな栄養素を含む野菜のこと。ざっくりいえば、効率よくいろいろ栄養を摂りやすい野菜群です。厳密にいうとトマトやピーマンなどは、可食部100グラム当たりのカロテン含量が600マイクログラム未満なんですが、一般的に食べる頻度が多いため緑黄色野菜に分類されています。カロテンは抗酸化作用があり、免疫を増強するはたらきがあります。

緑黄色野菜以外がイコール「栄養が少ない野菜」というわけじゃないんですよ。それぞれに良さがあるし、いろいろ組み合わせて食べることが基本です。

○月△日　私の〝推し〟緑黄色野菜、三つ葉

個人的に好きな緑黄色野菜といえば、三つ葉です。この野菜、もっと活用されてほしいなあと思うんですよ。流通しているものはほぼ水耕栽培、年間を通じて値段も安定しているのも魅力。カロテンも豊富で、ビタミンB_2、ビタミンK、カリウムも含んでいます。

しかし三つ葉といえば世間的には添えものであること、多いですよね。丼ものにちょこっとのっていたり、お吸いものに少量入っていたり。ああ、実にもったいない！　あっという間に火は通るし、香りはいいし、使い勝手のいい野菜なのに。私はかなりの頻度でどっさりと使っています。

味噌汁にいいのはもちろん、レタスと一緒にサラダの具にして和風ドレッシングなんかかけるとうまいんですよー。カツオのたたきの薬味にもよく合うし、エスニックな和えものに

三つ葉とトマトのスープ（口絵参照）

使ってみると、これまた新しい味わいが生まれます。

最近ハマっているのが、三つ葉とトマトのスープ。トマト1～2個を四つ切りにしてひたるぐらいの水を入れ、沸騰してからフツフツやさしく泡立つぐらいで5分煮ます。そこにナンプラー小さじ2程度加え、2センチ幅に刻んだ三つ葉をたっぷり1束入れて20秒煮る。火を止めて、コショウをひいたらできあがり。

「だし入れなくて大丈夫？」と思うなかれ。魚を発酵させて作るナンプラーはうま味たっぷり、だし醤油的に使えます。

あ、「三つ葉は年間を通じて値段が安定」と書きましたが、関東風のお雑煮には欠かせないので、年末年始だけは高騰しちゃいますね。あしからず。

経済的な緑黄色野菜といえば、ピーマンもおすすめ。

肉詰めにしたり、チンジャオロースにしたりがメジャーな料理法でしょうが、私がよく作るのは大豆とのエスニック炒め（口絵参照）。種とヘタを取ってざっくり切ったピーマンと大豆を油で炒め、酒をふり、軽く小麦粉をふったらナンプラーで炒めます。もしあればシーズニングソースも加えるとさらにおいしい（なければ好みで少々の醤油と砂糖で代用）。

大豆はパックに入ってすぐ使えるものが最近はスーパーでよく売られています。私のおすすめはフジッコの「蒸し大豆」。「フジッコ　蒸し大豆」で検索してみてください。オープン価格ですが、100グラム入りで我が近所のスーパーで100円前後。ミックスビーンズ版もあり、こちらはトマト煮込みなどに入れるのも便利。ピーマンと蒸し大豆、どちらも100円台のことが多くて、2～3人前作れてお財布にやさしい。ありがたいことです。

そのほか経済的な緑黄色野菜としては、チンゲン菜、ネギ、ニラ、ホウレン草といったところでしょうか。それぞれ炒めものや汁ものなど、いろいろなものに合わせやすい野菜です。前にも書きましたがホウレン草は冷凍食品にもあります。生鮮よりは食感が悪くなりますが、スープやラーメンの具に活用するとかなりおいしくいただけますよ。冷凍野菜でも栄養は摂れます。定期的にセールなどもスーパーで行われるので、私は安いときに買って常備しています。

葉物類、「持ち」を良くするひと手間

使いやすい緑黄色野菜といえば、チンゲン菜と小松菜。アクが少なく、洗って切ればその

まま料理に使えるのがうれしいところ。

ここで覚えておきたいのが、買ってきた後のひと仕込みです。チンゲン菜も小松菜も冷蔵庫にしまう前に、20分程度水につけておくとその後の「持ち」がグンと違います。ほかにホウレン草、菜花類、春菊、ツルムラサキ、レタス類も同じぐらいの時間水につけてから冷蔵すると、持ちがよくなります。できれば氷を入れるなどして冷水でやったほうがより良いですが、常温水でも構いません。

水につけ終えたら、よく水気を切って、できればビニール袋などに入れて口をしばり、冷蔵庫に入れてください。水気を切る場合、私は流しでよく振って、キッチンペーパーで拭いています。なお私の経験上、パクチーだけは水につけないほうがベター。買ってきたらそのまま冷蔵庫にしまって、なるべく早く使い切りましょう。

○月△日　冷凍庫の常備菜をうまく使って

さて買い物でスーパーに来てみれば、キャベツ1／2個が78円とかなりの安さ。ただキャベツだけじゃ何を作るか迷いますね……。

お、「焼きそば用蒸し中華麺（3人前）」が特売82円、安いなあ。夜ごはんはあんかけ焼きそばにしましょうかね。冷蔵庫に入っている余り野菜、冷凍してある豚バラ肉とキノコをたっぷり加えますか。まず肉をレンジで解凍したらコショウしておき、野菜類を刻みます。フライパンを熱して肉と野菜を炒め、酒、白だし少々で味つけ、冷凍しておいたキノコを加えて軽く煮たら、水溶き片栗粉を加えてあんかけに。焼いた麺にのせれば、完成です。

あんかけ焼きそば（口絵参照）

「冷凍しておいたキノコ」と書きましたが、キノコ類は冷凍できますよ。買ってきたら石づき（軸の下のほうの硬い部分）を切り、ほぐして密封容器などに入れて冷凍します。私はブナシメジ、エノキ、シイタケ、マイタケ、マッシュルームなどが特売のとき、または見切り品になっていると、とりあえず買っておいて冷凍しています。炒めものや煮もの、シチューやスープなどを作るとき、具として何かしら使えてかなり役立ちますよ。ナメコもビニールパックのまま冷凍できます。パックをはずしてそのまま調理すればＯＫ、好きなときにナメコの味噌汁が楽しめます。

ちなみに「冷凍庫に常備しているもの」としては私の場合、

・油揚げ
・練り物類（かまぼこ、ちくわ、なると、カニカマ等）
・ソーセージ、ハム、ベーコン
・トマト
・パン

といったものをよく入れています。油揚げはそのままでもいいですが、細かく刻んで冷凍すると味噌汁などにすぐ使えます。そのまま冷凍するなら、使うときはサッと全体を水にぬらしてしばらく置いておくと、切りやすくなります。

油揚げは「油抜き」といって、熱湯を全体にかけて余分な油を取る、という下ごしらえが必要とされてきました。たしかに油でベトベトのものもたまにあるのですが、最近の油揚げはサラッと仕上がって、油抜きが必要ないものも多くあります。油でベトついている場合は、ざるなどに油揚げをのせて熱湯を上からかけてください。これで油抜き終了。私はベトついてなければ、そのまま冷凍してしまいます。

かまぼこ、なると、ちくわは使いやすいようスライスして私は冷凍しています。冷凍した場合は基本、煮ものの具、ラーメンやうどん、そばの具にするのがベター。何にせよ冷凍するとどうしても水分は失われるので、汁や調味液をプラスできる汁もの、煮ものに活用するのがいいでしょう。カニカマは私はそのままチンして、ほぐして和えものなどによく使っています。

ソーセージやハム、ベーコンも特売のときにまとめ買い↓冷凍、が定番パターン。普段は結構高いですからね。ベーコンやハムはスライスして冷凍しておけばそのまま炒められます。ナポリタンの具などに重宝しますよ。最近ではベーコンやハムと野菜類の味噌汁も人気ですね。だし要らずで、よいコクが出ます。キャベツや白菜、ネギとの相性はバツグン。豆腐やニンジンなども加えて、たんぱく質と野菜たっぷりの味噌汁にすれば、おかずなしでもかなりの満足度に。

次ページの写真はベーコンとマッシュルームをシンプルにソテーしたもの。ベーコンの脂とニンニクでじっくりソテーして、白ワインを入れてフタして軽く蒸し、最後に黒コショウひいて完成です。ベーコンは塩気が強いので、それだけで味が成立することも多いですね。ベーコンを使うときはまず塩なしでやってみるように私はしています。

トマトもそのまま冷凍できます。さすがに解凍してサラダの具、というのは厳しいですが、煮込みやトマトスープ作りに役立ちます。冷凍したトマトは、流水に当てればツルリと皮がむけるのも便利。皮を取って数個を鍋に入れ、水を入れてコンソメキューブ、お好みの野菜を入れて（玉ネギ、ニンジン、ジャガイモ、カブ、キャベツ、白菜などが好適）しばし煮れば、シンプルだけどなかなかおいしいスープができます。塩コショウで好みの味に調整してください。ここに鶏もも肉など入れるとさらにおいしさもアップします。

ベーコンとマッシュルームのソテー
（口絵参照）

パンの冷凍はおなじみでしょうかね。食べ切れないときなど、密封できるものに入れて冷凍し、トースターで数分焼けばOK。冷凍できるのは基本、具なしのシンプルなパンと考えてください。ナッツやレーズンの入ったものは大丈夫です。何かを挟んであるものは基本NG。カレーパンなどのように具を包んでいるものは判断が難しいところ。大丈夫な場合もありますが、トースターで焼いたとき、まわりはよくても内部がまだ冷たいままということも多いので気をつけて。

○月△日　ベーコンとキノコと豆乳の簡単すぎるスープ

さて火曜日の朝ごはん。この日はちょっと肌寒く、温かいスープを欲しました。ベーコンとキノコと豆乳のスープ、これが実に簡単なのです。

冷凍しておいた厚切りベーコンと豆乳を鍋にかけ、やさしくフツフツいうぐらいで7〜8分ほど煮て、最後に薄口醤油を少々（なぜ薄口醤油かというと、豆乳の白さを生かしたかったから。一般的な濃口醤油でも構いません）。コショウひいて終わりです。211ページの写真のようにネギなんか散らすとさらにおいしい。

ベーコンから充分なうま味と塩気が出るんですね、醤油は香りを足すイメージ。豆乳はそれ自体でたんぱく質が摂れるので、もっと活用したい食材。値段も経済的で、私が買っているものはスーパーで1リットル約200円前後です。

以前に豆乳料理について調べたことがあるんですが、各スーパーで「豆乳鍋の素」ってかなりの人気があるものなのですね。しかしあまり冬場以外で豆乳が料理に使われることは少ない。今後もっと、オールシーズンで活用されてくると思います。

○月△日　包丁いらず、冷凍づくしの豆乳スープで大満足

また別の日に作ったスープは、冷凍しておいたベーコンとソーセージを豆乳で煮て、同じく冷凍しておいたキノコ、そして冷凍野菜のブロッコリーとホウレン草を加えたものです。先と同様に最後に薄口醤油を少々、コショウをぱらり。満足感の高いスープですよ、コクもしっかりあります。さらにマカロニなどのショートパスタを加えれば、ひと皿で「主食・主菜・副菜」が完成。卵を落として粉チーズなんかかけてもいいですね。プチトマトを加えてもおいしいです。

ベーコンとキノコはそれぞれ切りほぐして冷凍しておいたもの。冷凍野菜はそのまますぐに調理ができます。つまりこれ、包丁は使っていません。もちろん生鮮野菜でも構いませんので、手間じゃない方はどんどん使ってください！

前章で女子栄養大学出版部の監物南美氏が「とにかく一日のうち欠食しないことが大事」と仰っていましたが、やっぱり私も、

・朝→ごはんを作るのが面倒くさい

・昼→仕事が忙しくて食べそこなってしまう
・夜→飲みに行って、おつまみで済ましてしまう
なんてことがまあ……あるわけで。いえ、気をつけないとズルズルこんなパターンになりがちです（汗）。特に私は家人の弁当を作っていると、その味見やらでなんとなく朝ごはんが済んだ気になり、送り出してから家事やら仕事をしているうち昼過ぎになり、「せっかく朝に片づけたキッチンを汚したくない」という思いからパンをかじって牛乳飲んでごまかし、そのまま夜ごはんのしたくになる……というスパイラルに陥ることもあります。

だからこそ、ごはんの準備はなるたけ楽で簡便に済むようにしておきたい。

ベーコンとキノコの豆乳スープ（口絵参照）

ブロッコリーとホウレン草の豆乳スープ（口絵参照）

先の「ベーコンとキノコの豆乳スープ」などはその対応策のひとつ。余裕のあるときにベーコンやキノコをすぐ使えるよう切り分け、ジップロックなどに入れて冷凍しておく。「すぐに使える食材が冷凍庫に数種あるという状態」は、料理を続けていく上で自分をとても楽にしてくれます。

○月△日　自分を楽にしてくれる冷凍食品を活用する

これ、弁当作りも同様なのです。ある日のツレ弁、メインはハンバーグ。これ、最近気に入ってる味の素の冷凍食品のデミグラスハンバーグです。私の近所のスーパーだと1個だいたいセールで170円（セールのときにまとめ買いしてます）。量もソースもたっぷりで中々においしい。ソースがたっぷりなので、一緒に冷凍キノコを炒め、ほかにズッキーニを別にソテーし、目玉焼きを添えました。

メインとなるおかずが冷凍であると、それだけで気持ちがなんか楽なんですねえ。安心感が違います。もちろんすべて手作りの日もありますよ。ただどうしても時間もしくは気持ちに余裕がないときもある。自炊する上では、冷凍食品なりレトルトなり、または作りおきおかずなり、「自分を楽にしてくれるもの」をうまいこと活用していきたいと思っています。

ちなみにこの弁当をセルフ講評するなら、やっぱり三色食品群でいう緑のグループが足りないところ。ここは簡単にフルーツを足したいですな。

食物繊維を考えて、ごはんには胚芽押麦を混ぜて炊いています。雑穀類はだいたいスーパーでいうとお米の隣あたりにあることが多いですよ。また糸寒天、というものも便利です。お菓子作りなどに使われる海藻の寒天が細切り状態になっているもので、ひとつかみをそのままスープや味噌汁に足すだけで食物繊維を手軽にプラスできます。味がないので料理に加えやすいんです。サラダにプラスしたり、酢のものや和えものにも足しやすいですよ。スーパーの乾物コーナーに置いてあることが多いようです。

冷凍食品のハンバーグを使ったお弁当

さて、今日のお昼は何にしますかね。キャベツが余っていたので、シラスと炒めましょうか。これ、簡単で実においしい。さらにはどちらも手頃な食材。

ショウガ少々と一緒に、ざく切りにしたキャベツをサラダ油で炒めて、シラスを入れ、料理酒をふります。キャベツがしんなりしてきたら、醤油を回しかけてしばし炒める。最後にコショウひけば完成です。塩気は醤油とシラスだけのやさしい味つけ。物足りなければ塩少々を足してください。

このキャベツ炒め、油を替えればいろんなパターンの味わいが楽しめます。サラダ油をゴマ油に替えて、一味か七味少々を最後にふりかければ中華風に。ラー油少々でもOK。サラダ油をバターに替えて塩味にすれば洋風になります。この場合、料理酒を白ワインに替えるとさらに効果的。オリーブ油なら唐辛子とニンニク、塩でイタリアのペペロンチーノ風に炒めるのもいいですね。

「調味料がいろいろ増えるのは置く場所に困る」「なかなか使い切れなさそうで、購入をためらう」という人もいるでしょう。百均などでは各種油をはじめ、醤油や料理酒など小さいサイズのものが売られています。まず最初はミニボトルのものから使ってみてはどうでしょうか。油や料理酒を替えるだけで、同じレシピでも料理の表情はガラリと変わります。もし飲みさしの紹興酒でもあれば、ぜひ一度野菜炒めに使ってみてください。醤油と紹興酒、ニンニクで野菜炒めを作ると実にうまいんです。またこういうのをひとつやってみたら、キャベツにかぎらず白菜やチンゲン菜、もやしなどあれこれ野菜を替えてぜひトライしてみてほしいです。それらのミックスでも構いませんし。レタスでやってもうまいんですよ。

○月△日　特売品を使った簡単絶品ヅケ丼

さて夜ごはん、スーパーに買い物に行けば「刺身切り落とし」のパックがたっぷり入って540円でした。2人分の量でこの値段はうれしいなあ。いわゆるお刺身をひいたときの余り部分詰め合わせですね。タイやマグロ、サーモンにブリが入っていましたよ。ということで、今夜はヅケ丼にしました。

刺身切り落としを使ったヅケ丼

お刺身って私はそのままだと、あまりおかずにならないんです。どちらかといえば、刺身は酒のつまみにしたい。寿司飯を作るのは手間なので、よくヅケにしています。こうすると酒盗ならぬ飯盗で、ごはんを呼ぶことうけあい。

ヅケなんていうと難しそうですが、私のやり方は「醤油：みりん＝2：1」で、ここにすりゴマを一緒に入れるだけです。この液に大体5分から10分も刺身をひたせば完成。写真のように卵黄を落とすとまたうまいんだ！　おろしショウガやワサビ、刻みネギなどはお好みで。このレシピは大分県の郷土料理「りゅうきゅう」を参考にして考えました。あちらでは定番の料理で、居酒屋さんでもよく見かけます。アジやサバの刺身でやられることが多いですね。タコでやってもおいしい。タコの場合はちょいゴマ油入れて、七味をふるといいアテになります。

この日はヅケ丼と春菊と玉ネギの味噌汁にしました。さて、明日は何にしようかな。また特売品と相談してきます！

食べものは薬ではない

さて、ここで栄養に関してひとつ付け加えたいことが。本書ではこれまで「栄養に関しては、自分が何が足りない状態にあるかを考えられることが大切」と書いてきました。

その上で言葉を足しておきたいのは、食べものは薬ではないということです。

世の中には「○○には疲労回復に良いとされる成分がたくさん含まれる」とか「○○は認知症予防を期待できるとされている」といった情報があふれています。食材に様々な効能を期待したくなる気持ちは分かるのですが、食べものだけで病気を予防することはできないし、また実際病気になった場合、どんなに栄養状態をよくしてもそれだけで病気を治すことはできません。ここはしっかりと覚えておいてほしいところです。ひとつの食べものに過度な期待をせず、まんべんなくいろいろ食べることが何より大切です。

栄養状態をよくするというのは、「病気になりにくい状態を作る」ということだと私は考えています。しかしどんなに栄養状態がよくても、人間は精神面から体を壊してしまうこともあります。そして運動不足から病気を招くこともあります。基本的なことですが、栄養、精神、運動と様々な要素が重なっての健康であることを理解しておいてほしいと思います。栄養バランスや添加物を心配するあまり病的になる人もこの世の中にはいますし、栄養バランスを考えるあまり好きなものをストイックに我慢しすぎてストレスから病気になる人もいるのです。

自分の栄養バランスを考えられることは自炊する上で大切なスキルですが、一日3食すべてバランスよく整えようと生真面目に考えすぎず、たまにはハメを外して好きなものを食べて、次の食事で足りなかったものを多く食べる、多く食べすぎたものを減らすようにする、といった柔軟なバランスの取り方こそが大切だと私は考えています。

土鍋ごはんがくれた「自信」

こんなことに挑戦してみたとき、自炊する気持ちがさらに上がった……という話を聞いていただけませんか。

ちょうどライターとして活動し始めた30歳になりたての頃、思い立って土鍋で米を炊いてみました。というのも、料理の仕事で知り合うようになった料理上手な編集者やカメラマンが、みなこぞって土鍋やホーロー鍋で米を炊いていたのです。

「え！　炊飯器を使わないのって不便じゃない？」

と尋ねれば、

「すぐに慣れるよ。何より一度試してみたら。私は炊飯器で炊くよりおいしいと思ったよ」

という声のまあ多かったこと。当時私は「米は炊飯器で炊くもの」という刷り込みが強すぎて、それ以外で米を炊くなんて発想はまったくもって浮かびませんでした。何よりも、おっかない。私などがやったら失敗しそう、焦げまくってしまいそう。料理上手な人だからできるのだろう……としばらくスルーしていたんです。しかし。

「いや……仮にも食の記事を扱っているのに、一度も炊いたことがないというのはいかがなものか。せめて一度、やってみるか！」

と思い立ちました。普段は寄せ鍋やらに使っている土鍋に、浸水させた米を入れていざチャレンジ。いろんなやり方がありますが、私は友人の料理家さんに教わった「強めの中火で6分かけて沸騰させ、一番の弱火にして9分加熱、火を止めて10分蒸らす」というやり方でやってみました。終始、もうドキドキです。けれど蒸らし終わってフタを開ければ、つやつやに炊き上がったお米が土鍋の中にたっぷりと！ うれしかったなあ……。自分でも単純だと思うのですが、なんだか自分が一躍料理上手の仲間入りをしたかのような錯覚におそわれたんです。

「俺、すごいじゃん‼」

うれしくて楽しくて翌日もやり、その翌日も。次第にだんだんと炊飯器を使わなくなっていきました。

もちろん素晴らしい性能の炊飯器もたくさんありますし、保温機能やタイマー機能、炊き込みごはんや玄米炊きなどの機能がついた炊飯器は便利この上ないと今も思っています。

私が言いたいのは、「土鍋でごはんを炊く→自分ではできるはずないという強い思い込み→いざやってみたら、できた」という経験が、料理における自信をものすごくアップしてくれたということです。

自炊し始めはやっぱり「自分でもできそうなもの」をどんどん試していきますよね。ある程度月日が経《た》つと、作るものは次第にマンネリになってきます。そのあたりで「自分じゃやらない」「自分にはできない」「それは料理好き、料理上手がやること」と思っているものにトライしてみると、現状打破に繋がりやすいのです。

お米選びのコツ

ごはん炊きのことが出たので、ついでに「おいしいお米を買うコツ」も付記しておきましょうか。現代はいろんな銘柄米が百花繚乱ですね。ざっくりと『あきたこまち』や『ササニシキ』は味わいさっぱり、『コシヒカリ』はうま味が濃い、『つや姫』や『ななつぼし』は粒立ちがしっかりしていて腹持ちがいい、『ゆめぴりか』はもっちりして冷めてもおいしい……といったような特徴がありますが、やっぱり味の好みは人によって千差万別。おいしく味わう上で共通して確認すべきは、**精米年月日**なんです。

市販されているお米はパッケージのどこかに必ず精米年月日が記載されています。これ、購入日から近ければ近いほどおいしい。日が経つとどんどん食味が落ちていきます。理想としては精米されてから2週間以内に食べ切りたいところですが、一人暮らし、二人暮らしではそうも行きませんよね。せめて精米されてから1か月以内には食べ切りたいところです。買う際は必ず精米年月日を確認するようにしてください。大安売りの米はやっぱり、精米から時間が経っていることも多いです。また可能であれば、冷蔵庫で保存するのがおすすめ。このほうが劣化を遅くすることができます。

ちなみに私の米選びですが、いろんな銘柄をその時々で変えて楽しんでいます。暑い時期はさっぱりとした食味の『ササニシキ』や『青天の霹靂』に手が伸びますね。味が濃いめのおかずによく合うんですよ。あるいはお茶漬け、寿司飯にするのもいい。カレーやエスニックな料理にも合います。新米の時期なら『コシヒカリ』や『ひとめぼれ』を選びがち。もうそれだけで、おいしいんです。香りが豊かでごはんだけでもどんどん食べ続けられてしまう……ちょっと危険ですね（笑）。ニューフェイスでのお気に入りは『だて正夢』、米の甘みが強くて、存在感の強いお米です。よく焼けた、はらわたの立派なサンマなんかと合わせたら最高なんですよ。キノコや、鶏とゴボウで炊き込むのもおすすめ。最近は個性の立ったお米がどんどん開発されています。ぜひぜひいろいろ試して、お好みのものを見つけてください。

タレ、ドレッシング、めんつゆも自分で作ってみたら……

私の友人は「冷やし中華のタレを作ってみたとき、同じようなことを感じた」と言います。「冷やし中華って完全に外で食べるものだったわけ。もしくはインスタントラーメンでタレつきのものを買ってくるか。それがあるとき、パラパラめくっていた料理雑誌で、『冷やし中華のタレのレシピ』が載っていて、好きだった料理研究家さんのレシピだったこともあり、『作ってみようかな……』と思ったんだよね。実際やってみたら、『ああ！　売りものの味と一緒だ!!　わ、私すごい……天才かも!?』って思えて、すごくうれしくて（笑）」

外で食べるような味を作れた自分がうれしくて、その後しばらく自炊する気持ちが続いたそう。これ、似たような経験が私にもあります。

ドレッシングというのは、私にとってずっと「作るもの」ではなく、「買うもの」でした。スーパーに行けばたくさんの種類が並んでいて、安価なものも多い。コンビニに行けば1回分の使い切りもある。作る必要って、ないんですよね。しかし、これまた「作ってみれば簡単だよ」と言う人はとても多い。

たとえば基本的なフレンチドレッシング。サラダ油と酢を「2：1」でよく混ぜ、塩コショウすればできあがり。文字で書くとあっけないものです。

やってみました。

「レストランのシンプルなサラダでよく出てくる、あの味だ！」

驚きました。外で食べるものの味を自分が作りだせたときのうれしさ。これ、格別なんです。先の友人よろしく、私もレシピどおりのことをなぞってやったにすぎないのですが、根っから「買うもの」だと思い込んでいるものを作れたときって、自分がグンと料理上手になった気がするんですよね。

自炊を続けてしばらく経ってマンネリ感を覚えだしたら、ごはんの鍋炊き、タレ作り、ドレッシング作りなど、なんでもいいのですが「今まで自分じゃやろうと絶対思わなかった調理」を試してみるの、おすすめです。

自分好みの味探しで「遊んで」みる

調理習慣がまずまずついてきたら、今度は「自分好みの味」を探ってみてください。たとえばドレッシングなら、油と酢の比率や、塩コショウの量を変えてみる。酸っぱいものが好きな人なら、酢をどのくらい多くすれば自分のベストの好みとなるのか。薄味が好きならば、塩をどのくらい減らせばいいのか。油の量を減らしてもさっぱり感は増します。いっそ塩を入れないとどんな味わいになるのか。いろいろと試して、調理と舌の経験値を上げていきましょう。

酸っぱいのが嫌いな人なら、酢ではなくレモンを絞ると穏やかな酸味になります。これ、レモンじゃなくライムでも、スダチでもカボスでも、あるいはユズでもＯＫ。酢の代わりに柑橘果汁を使ったドレッシングは香り豊かでおいしいですよ。

ただ柑橘果汁は酸味において酢ほどのインパクトはありません。そこをどうバランス取るか？　果汁量を増やす、または少量の酢を隠し味的に加えてみるのもいいですね、腕の見せどころです。酸味にインパクトをつけたくなければ、そのままでもいいでしょう。

コショウだったら白コショウと黒コショウがあります。風味が全然違うものです。どちらがあなたのお好みでしょうか。コショウじゃなくて山椒の粉でやっても面白い味わいになりますよ。辛いのが好きなら、一味や七味を加えてみたらどうなるでしょうか。辛味を足すなら、いっそラー油でも？

さらにいえば、酢も油もいろいろな種類がありますね。先のフレンチドレッシングならサラダ油でなく、オリーブオイルならどうなるか。酢も米酢と穀物酢で風味が違いますし、ワインビネガーならまた全然違います。あるいは基本のレシピにニンニクやショウガのおろしたの、ゴマやオリーブ、ケイパーを刻んだのを加えたらどうなるか。もうバリエーションは無限といっていいほど。

ドレッシングにかぎらず、基本のレシピが頭に入って、何も見ずにできるようになったら、少しずつ自分好みを探りだしてほしいのです。自分好みが作れるようになってくると、次第に「料理で遊ぶ」余裕が出てきます。最初から大胆に遊ぶと大胆な失敗にも繋がりやすいのですが(笑)、うまいことあなたの定番レシピに変化を加えつつ、自炊を続けていってほしいと願います。

自分の経済力の範囲内でより良いものを選び、栄養のことも気にかけつつ、日々の料理に変化をつけて楽しめる。これが私の思う、自炊力の最終形です。そこを目指して、私も無理せず今日も自炊をするとします。

さあ、今日は何を作ろうかな?

おわりに

私は30歳のとき、会社勤めの編集者からフリーランスのライターになりました。編集するよりも、書く側になりたいという思いがつのっての決断です。幸いにもスタート時点から仕事には恵まれましたが、油断はできません、いつ仕事が切れるかは分からない。余計な出費は控えて、何より体調管理に励まなければ。取材日に熱など出したら次はありませんからね。

サラリーマン時代はとにかく外食ばかりの生活でした。拘束時間も長く、ストレス発散はもっぱら外食（そして飲酒）。「忙しいのだから仕方ない」という言い訳もあって自炊もあまりせず。しかしフリーになった以上、できるだけ料理をして、うまく食材を使い回し、経済的に生きていこうと思ったのです。

そんな折、ある料理雑誌で連載の仕事をいただけました。毎月6品の郷土料理をレシピつきで紹介するというもの。私が各地の郷土料理と作り方を調べ、それをもとにフードコーディネーターさんが調理をして撮影をするのです。これが結果的に私の自炊力をものすごく引き上げてくれました。

まだ私は自炊を始めたばかり、各地の人にレシピをヒアリングしても、それがごくざっくりな作り方なのか、第三者が読んで作れるだけの詳しい内容になっているのか、判断ができませんでした。いざ調理の現場になってコーディネーターさんから「調味料、これだけだとどうにもおいしくならないけど大丈夫?」「○分で煮て完成とあるけど、絶対に時間足りないと思うよ」「栗を使って、下ごしらえがこれだけじゃかなり渋みが残るはずだけど……」などと指摘されて肝を冷やしたのなんの。

次回から私は必ず撮影前にすべての料理を作ることにしました。その上で味つけや調理に疑問が生じれば、現地の方に再ヒアリング。撮影時のツッコミは幸い激減しました。そして自分が一度作ったレシピをプロが調理する、これをそばで見ることが本当に勉強になったんです。自分の至らない点がまざまざと分かるんですね。そう切ればいいのか、そう煮ればいいのか……と何度も心で膝を打ちました。これが1年半続いたのです。

やはり料理上手な方の調理姿をそばで見る、そして自分でやってみるというのが、上達への何よりの近道だと私は思います。でもそれは多くの人にとっては難しい。ゆえに料理番組を活用してほしい、さらにはファンになれる人を見つけてほしいと書きました。

去年（2017年）、コンビニやスーパーなどの惣菜や弁当を指す、いわゆる「中食」の市場規模は初めての10兆円超に。共働きの夫婦世帯は同年の総務省・労働力調査によると約1188万世帯（妻が専業主婦世帯は641万世帯）。これからもきっと増え続けることと思います。「作らない」という選択肢も当然あって然るべきです。しかし「できたてのおいしさ」というのは何物にも代えがたいものがあります。手作りのものが食べたくなったとき、何かしらを作れる力を多くの人がつけてほしいと願ってやみません。この本がその小さな助けにでもなりますように。

最後になりましたが、私のブログを読んで「書いてみませんか」と声をかけてくださった光文社の樋口健さんに心よりお礼を申し上げます。何よりも食べる楽しみをたくさん教えてくれた父と母に、この本を捧げます。そして今までずっと何かにつけて応援してくださった猿若吉代先生、野呂将司さん、友人のみんなに感謝を込めて。

平成最後の夏の終わりに

白央篤司

◎参考文献◎

＊1　https://twitter.com/hakuo416/status/969358873449529344

＊2　http://www.mhlw.go.jp/file/04-Houdouhappyou-10904750-Kenkoukyoku-Gantaisakukenkouzoushinka/kekkagaiyou_7.pdf

＊3　http://www.mhlw.go.jp/stf/houdou/0000041733.html

＊4　http://www.jpnsh.jp/com_salt.html

◎参考資料＆自炊力アップにおすすめなテキスト◎

小田真規子『料理のきほん練習帳』（高橋書店）

重信初江『超詳細！きほんの料理』（成美堂出版）

牧野直子『冷凍保存のきほん』（主婦の友社）

今井亮『狭すぎキッチンでもサクサク作れる超高速レシピ』（大和書房）

坂田阿希子『教本シリーズ』（東京書籍）※サンドイッチ、スープ、サラダ、洋食、おやつ、お弁当と6冊が刊行されている。

写真／著者

デザイン（カバー・帯・口絵）／橋本千鶴

イラスト・図表作成／まるはま

白央篤司（はくおうあつし）
フードライター。早稲田大学第一文学部卒業。出版社勤務を経てフリーに。日本の郷土食やローカルフードをメインテーマに執筆。著書に「都道府県をひとつのおにぎりで表すとしたら？」をコンセプトにした写真絵本『にっぽんのおにぎり』（理論社）、各地で愛され続ける飯・麺・汁ものをレシピつきで紹介した『ジャパめし。』（集英社）などがある。

自炊力《じすいりょく》 料理以前《レシピいぜん》の食生活改善《しょくせいかつかいぜん》スキル

2018年11月20日初版1刷発行
2018年12月30日　　3刷発行

著　者 ―― 白央篤司
発行者 ―― 田邊浩司
装　幀 ―― アラン・チャン
印刷所 ―― 近代美術
製本所 ―― 国宝社
発行所 ―― 株式会社光文社
東京都文京区音羽1-16-6（〒112-8011）
https://www.kobunsha.com/
電　話 ―― 編集部03（5395）8289 書籍販売部03（5395）8116
業務部03（5395）8125
メール ―― sinsyo@kobunsha.com

 ISBN 978-4-334-04381-0

964
品切れ、過剰在庫を防ぐ技術
実践・ビジネス需要予測
山口雄大

「いつどれくらい売れるのか?」を予測し、適切な量と頃合いでの商品供給を可能にする、製造業には欠かせない「需要予測」の技術を実践的に学ぶ。明日からすぐに役に立つ!

978-4-334-04370-4

965
〈オールカラー版〉究極のお洒落はメイド・イン・ジャパンの服
片瀬平太

流行、ブランド、品質、値段……。本当に身になるファッションは何か。結論は「日本製服飾品」だった! 日本中を駆け廻る徹底取材でメイド・イン・ジャパンの真の魅力を明らかに。

978-4-334-04371-1

966
オリンピックと東京改造
交通インフラから読み解く
川辺謙一

首都高、東海道新幹線、モノレール、羽田空港。1964年の五輪に合わせて多くのインフラが整備された。「未成熟な巨人」といわれた東京は、五輪とともにいかにして発展してきたのか。

978-4-334-04372-8

967
劣化するオッサン社会の処方箋
なぜ一流は三流に牛耳られるのか
山口周

近年相次ぐ、いいオトナによる下劣な悪事の数々は必然的に起きている――ビジネス書大賞2018準大賞受賞著者による、日本社会の閉塞感を打ち破るための画期的な論考! 緊急出版。

978-4-334-04373-5

968
図解 宇宙のかたち
「大規模構造」を読む
松原隆彦

私たちが住んでいる宇宙とは、一体いかなる存在なのか。宇宙の大規模構造を探ることは、宇宙の起源に迫ることに直結している。実証的アプローチで迫る、宇宙138億年の真実。

978-4-334-04374-2

969

秘蔵カラー写真で味わう60年前の東京・日本

J・ウォーリー・ヒギンズ

アメリカ出身、日本をこよなく愛する「撮り鉄」が、当時は超贅沢だったカラーフィルムでつぶさに記録した昭和30年代の東京&日本各地の人々と風景。厳選382枚を一挙公開。

978-4-334-04375-9

970

100万円で家を買い、週3日働く

三浦展

家賃月1万円で離島で豊かに暮らす／狩猟採集で毎月の食費1500円……。お金をかけずに、豊かで幸せな生活を実践する人々の事例を「再・生活化」をキーワードに紹介。

978-4-334-04376-6

971

ルポ 不法移民とトランプの闘い

1100万人が潜む見えないアメリカ

田原徳容

トランプ就任以降、移民への締め付けを強めるアメリカ。それでもなお、様々な事情で「壁」を越えてやってくる人々がいる。排除と受容の狭間で揺れる「移民の国」を徹底取材。

978-4-334-04377-3

972

パパ活の社会学

援助交際、愛人契約と何が違う?

坂爪真吾

女性が年上の男性とデートをし、見返りに金銭的な援助を受ける「パパ活」が広がりを見せている。既存の制度や規範の縛りから自由になった世界の「生の人間関係」の現実とは?

978-4-334-04378-0

973

百まで生きる覚悟

超長寿時代の「身じまい」の作法

春日キスヨ

なぜ多くの高齢者は「子どもの世話にはならない」と言いつつも、結局「成りゆき任せ」「子どもに丸投げ」になってしまうのか? 元気長寿者らへの聞き取りから学ぶ、人生100年時代の備え。

978-4-334-04379-7